千八百字 따라쓰기

기술부 선정···중고교 필수한자···1800 쓰기교본

李想春 著 · 成校珍 書

아테나
Athena

머 리 말

知識이 꽃이라면 筆體는 香氣라는 말이 있습니다.

이처럼 筆體는 自身의 人格을 나타내는 尺度라 하여 東西古今을 莫論하고 사람들은 글자를 바르고 예쁘게 쓰기 위해 努力해 왔습니다.

사람의 姿勢가 어려서부터 틀어진 상태로 굳어질 경우 이를 바르게 矯正하는 것이 매우 힘들듯이 筆體 역시 한번 惡筆로 굳어진다면 바로 잡는다는 것이 여간 어려운 일이 아닐 수 없습니다. 그래서 어떤 글자든 筆法을 처음부터 바르게 배우고 익히는 게 아주 重要합니다.

現在, 소위 知性人임을 자부하는 사람들 중에도 漢字의 기초 筆順과 訓·音을 제대로 알고 있지 못하는 사람들이 의외로 많다는 사실은 큰 衝擊이 아닐 수 없습니다. 이런 점에서 볼 때, 자칫 漢字 文化圈에서 미아가 되어 버릴 수도 있는 時點에서 때마침 政府의 한글·漢文 병용 추진 政策은 매우 時宜 適切하고 현명한 決定이라 하지 않을 수 없습니다.

筆者는 이와 같은 現實을 안타깝게 생각하면서 讀者로 하여금 "漢字 바르게 알기와 바르게 쓰기" 두 가지 目標를 한꺼번에 達成할 수 있도록 하기 위하여 本書 '千八百字 따라쓰기'를 發行하게 되었습니다. 누구든지 이 책의 順序에 맞춰 따라쓰기만 하면 자신도 모르게 많은 漢字를 習得하게 됨은 勿論이고 보기 좋은 筆體를 體得하게 되리라 確信합니다. 또한, 本書의 표제자로 수록된 敎育部 選定 1,800字와 必須用例 1,800어휘를 完全히 숙지한다면 품위 있고 교양 있는 文化生活을 하는 데 크게 도움이 되리라 믿어 의심치 않습니다. 부디 中途에서 포기하지 마시고, 忍耐를 가지고 끝까지 奮鬪하시어 소기의 目的을 이루시길 진심으로 祈願합니다.

끝으로 秀麗한 筆體로 本書를 더욱 빛내주신 成校珍 敎授님과 여러 모양으로 도와주신 많은 분들께 紙面을 빌어 感謝의 마음을 전합니다.

著者 李想春 謹識

1.부수(部首)에 따른 구성

한자의 기본이라 할 수 있는 부수를 위줄 구성함으로써 부수와 함께 글자를 완전히 익힐 수 있도록 하였습니다.

2.표제자(標題字) 선정

학생 및 일반인이 꼭 알아야 할 교육과학기술부 선정 1,800한자를 표제자로 수록하였습니다.

3.모범펜글씨체에 따른 정확한 필순과 따라쓰기

수려한 필체의 모범펜글씨와 정확한필순을 수록하여 그대로 따라 쓰기만 하면 자신도 모르게 보기 좋은 필체를 체득할 수 있도록 하였습니다.

4.단어별 한자

일상생활에서 꼭 필요한 1,800 어휘를 단어별 쓰임새 위주로 발췌하여 수록하였습니다.

5.풍부한 부록 수록

잘못 읽기 쉬운 한자와 잘못 쓰기 쉬운 한자·두 가지 이상의 음을 가진한자·편지봉투의 이름 아래 붙이는 호칭·결혼기념일을 나타내는 한자어·연령을 나타내는 한자어·약자(略字)·속자(俗字)·친족간의 호칭 및 촌수

6.알기 쉽고 짜임새 있는 구성

독자의 시각을 최대한 고려하고 각 페이지가 한눈에 들어올 수 있도록 구성하여 가독성을 높였습니다.

一	한 **일** 一부 0	一	一	一	一			
丁	장정 **정** 고무래 **정** 一부 1	丁	丁	丁	丁			
七	일곱 **칠** 一부 1	七	七	七	七			
三	석 **삼** 一부 2	三	三	三	三			
上	윗 **상** 一부 2	上	上	上	上			
丈	어른 **장** 一부 2	丈	丈	丈	丈			
下	아래 **하** 一부 2	下	下	下	下			
不	아닐 **불** 아닐 **부** 一부 3	不	不	不	不			
丑	소 **축** 一부 3	丑	丑	丑	丑			
丘	언덕 **구** 一부 4	丘	丘	丘	丘			
世	인간 **세** 一부 4	世	世	世	世			
且	또 **차** 一부 4	且	且	且	且			
丙	남녘 **병** 一부 4	丙	丙	丙	丙			
中	가운데 **중** ｜부 3	中	中	中	中			
丸	둥글 **환** 丶부 2	丸	丸	丸	丸			

- 一貫(일관) : 처음부터 끝까지 변함이 없음.
- 壯丁(장정) : 성년에 이른 혈기가 왕성한 남자.
- 七旬(칠순) : 일흔 날. 일흔 살.
- 三伏(삼복) : 초복, 중복, 말복의 총칭.
- 上古(상고) : 아주 오랜 옛날.
- 丈夫(장부) : 다 자란 씩씩한 남자.
- 下落(하락) : 물가 등이 떨어짐.
- 不義(불의) : 의리나 정의에 어그러짐.
- 丑年(축년) : 간지(干支)의 지지(地支)가 丑의 해.
- 丘陵(구릉) : 언덕. 나직한 산.
- 世子(세자) : 왕의 자리를 이을 왕자.
- 苟且(구차) : 매우 가난함.
- 丙夜(병야) : 하오 11시부터 다음날 상오 1시 사이.
- 中斷(중단) : 중도에서 끊어짐.
- 丸藥(환약) : 알약.

부수	한자	훈음	부수획	쓰기	쓰기	쓰기	쓰기			
丶 불똥주	丹	붉을 **단**	丶부 3	丹		丹	丹			
	主	주인 **주**	丶부 4	主		主	主			
ノ 삐칠별	乃	이에 **내**	ノ부 1	乃		乃	乃			
	久	오랠 **구**	ノ부 2	久		久	久			
	之	갈 **지**	ノ부 3	之		之	之			
	乎	어조사 **호**	ノ부 4	乎		乎	乎			
	乘	탈 **승**	ノ부 9	乘		乘	乘			
乙(乚) 새 을	乙	새 **을**	乙부 0	乙		乙	乙			
	九	아홉 **구**	乙부 1	九		九	九			
	也	어조사 **야**	乙부 2	也		也	也			
	乳	젖 **유**	乙부 7	乳		乳	乳			
	乾	하늘 **건** 마를 **건**	乙부 10	乾		乾	乾			
	亂	어지러울 **란**	乙부 12	亂		亂	亂			
亅 갈고리궐	了	마칠 **료**	亅부 1	了		了	了			
	予	나 **여**	亅부 3	予		予	予			

- 丹粧(단장) : 화장. 산뜻하게 모양을 내어 꾸밈.
- 主管(주관) : 일을 주장하여 관리함.
- 乃至(내지) : 얼마에서 얼마까지. 또는 혹은.
- 久遠(구원) : 아득히 오래고 멂.
- 之東之西(지동지서) : 동으로 갔다 서로 갔다 함.
- 斷乎(단호) : 결심이나 태도가 매우 확고함.
- 乘馬(승마) : 말을 탐.
- 乙夜(을야) : 밤 9시부터 밤 11시 사이의 동안.
- 十中八九(십중팔구) : 거의. 예외없이.
- 及其也(급기야) : 마침내.
- 乳兒(유아) : 젖먹이.
- 乾燥(건조) : 습기나 물기가 없음. 마름
- 亂動(난동) : 질서를 어지럽히며 함부로 행동함.
- 修了(수료) : 학과를 다 배워 마침.
- 予一人(여일인) : 임금이 자신을 낮춰 이르는 말.

事	일 **사** 亅부 7	事		事	事			
二	두 **이** 二부 0	二		二	二			
于	어조사 **우** 二부 1	于		于	于			
五	다섯 **오** 二부 2	五		五	五			
云	이를 **운** 二부 2	云		云	云			
井	우물 **정** 二부 2	井		井	井			
互	서로 **호** 二부 2	互		互	互			
亞	버금 **아** 二부 6	亞		亞	亞			
亡	망할 **망** 亠부 1	亡		亡	亡			
交	사귈 **교** 亠부 4	交		交	交			
亦	또 **역** 亠부 4	亦		亦	亦			
亥	돼지 **해** 亠부 4	亥		亥	亥			
亨	형통할 **형** 亠부 5	亨		亨	亨			
京	서울 **경** 亠부 6	京		京	京			
享	누릴 **향** 亠부 6	享		享	享			

亅 갈고리궐
二 두 이
亠 머리부분두

- 事務(사무): 맡아보는 일. 취급하는 일.
- 一口二言(일구이언): 말을 이랬다 저랬다 함.
- 于先(우선): 먼저.
- 四分五裂(사분오열): 여러 갈래로 찢어짐.
- 云謂(운위): 일러 말함.
- 井井(정정): 질서가 정연한 모양.
- 互惠(호혜): 서로에게 주고받는 은혜나 도움.
- 亞鉛(아연): 청백색 금속의 하나.
- 亡身(망신): 지위와 명망을 잃음.
- 交換(교환): 서로 바꿈.
- 亦是(역시): 이것도 또한.
- 亥年(해년): 태세(太歲)가 해(亥)로 된 해.
- 亨通(형통): 모든 일이 뜻과 같이 잘 됨.
- 上京(상경): 서울로 올라감.
- 享樂(향락): 즐거움을 누림.

亠 머리부분두	亭	정자 **정** 亠부 7	亭	亭	亭	亭	亭	
人 사람인	人	사람 **인** 人부 0	人	人	人	人	人	
	介	낄 **개** 人부 2	介	介	介	介	介	
	今	이제 **금** 人부 2	今	今	今	今	今	
	令	하여금 **령** 人부 3	令	令	令	令	令	
	以	써 **이** 人부 3	以	以	以	以	以	
	企	꾀할 **기** 人부 4	企	企	企	企	企	
	余	나 **여** 人부 5	余	余	余	余	余	
	來	올 **래** 人부 6	來	來	來	來	來	
	倉	곳집 **창** 人부 8	倉	倉	倉	倉	倉	
亻 사람인변	仁	어질 **인** 亻부 2	仁	仁	仁	仁	仁	
	代	대신 **대** 亻부 3	代	代	代	代	代	
	付	부칠 **부** 亻부 3	付	付	付	付	付	
	仕	섬길 **사** 亻부 3	仕	仕	仕	仕	仕	
	仙	신선 **선** 亻부 3	仙	仙	仙	仙	仙	

- 亭子(정자) : 산수 좋은 곳에 놀기 위해 지은 집.
- 人格(인격) : 사람의 품격. 인품.
- 介入(개입) : 둘 사이에 끼어 들어감.
- 方今(방금) : 바로 이제.
- 令狀(영장) : 법원이 발부하는 강제처분 문서.
- 以上(이상) : 일정한 표준의 위.
- 企圖(기도) : 일을 꾸며내려고 꾀함.
- 余等(여등) : 우리들.
- 來往(내왕) : 오고가고 함.
- 倉庫(창고) : 곳집. 곳간.
- 仁慈(인자) : 어질고 자애로움.
- 代辯(대변) : 남을 대신하여 의견을 말함.
- 交付(교부) : 내줌. 물건의 인도.
- 奉仕(봉사) : 남을 위해 헌신적으로 일함.
- 仙境(선경) : 신선이 있는 곳.

亻 사람인변

他	다를 **타** 亻부 3	他	亻丁乚	他	他				
件	물건 **건** 亻부 4	件	亻仁丨	件	件				
伐	칠 **벌** 亻부 4	伐	亻乚人	伐	伐				
伏	엎드릴 **복** 亻부 4	伏	亻仸丶	伏	伏				
仰	우러를 **앙** 亻부 4	仰	亻仏卩	仰					
任	맡길 **임** 亻부 4	任	亻仁丄	任	任				
仲	버금 **중** 亻부 4	仲	亻仴丨	仲	仲				
休	쉴 **휴** 亻부 4	休	亻仆八	休	休				
但	다만 **단** 亻부 5	但	亻仴一	但	但				
伯	맏 **백** 亻부 5	伯	亻伯二	伯	伯				
佛	부처 **불** 亻부 5	佛	亻佛川	佛	佛				
似	닮을 **사** 亻부 5	似	亻仏丶	似	似				
伸	펼 **신** 亻부 5	伸	亻伸丨	伸	伸				
位	자리 **위** 亻부 5	位	亻位二	位	位				
作	지을 **작** 亻부 5	作	亻作二	作	作				

- 他鄕(타향): 고향이 아닌 다른 곳.
- 用件(용건): 볼 일.
- 伐木(벌목): 나무를 벰.
- 伏兵(복병): 숨어 있는 군사.
- 仰望(앙망): 우러러 바람.
- 任務(임무): 맡은 사무. 직무.
- 仲裁(중재): 양쪽의 싸움을 화해시킴.
- 休戰(휴전): 전쟁을 중지함.
- 但只(단지): 다만.
- 伯父(백부): 큰아버지.
- 佛語(불어): 프랑스 말.
- 類似(유사): 서로 비슷함.
- 伸縮(신축): 늘이고 줄임.
- 位置(위치): 자리. 지위. 곳.
- 作曲(작곡): 노래의 곡조를 지음.

亻 사람인변

低	낮을 **저** 亻부 5	低	亻氐	低	低				
佐	도울 **좌** 亻부 5	佐	亻佐	佐	佐				
住	살 **주** 亻부 5	住	亻住	住	住				
何	어찌 **하** 亻부 5	何	亻何	何	何				
佳	아름다울 **가** 亻부 6	佳	亻佳	佳	佳				
供	이바지할 **공** 亻부 6	供	亻供	供	供				
例	법식 **례** 亻부 6	例	亻例	例	例				
使	하여금 **사** 부릴 **사** 亻부 6	使	亻使	使	使				
侍	모실 **시** 亻부 6	侍	亻侍	侍	侍				
依	의지할 **의** 亻부 6	依	亻依	依	依				
係	맬 **계** 亻부 7	係	亻係	係	係				
保	지킬 **보** 亻부 7	保	亻保	保	保				
俗	풍속 **속** 亻부 7	俗	亻俗	俗	俗				
信	믿을 **신** 亻부 7	信	亻信	信	信				
俊	준걸 **준** 亻부 7	俊	亻俊	俊	俊				

- 低廉(저렴): 물가가 쌈.
- 補佐(보좌): 자기보다 지위가 높은 사람을 도움.
- 住民(주민): 그 땅에 사는 백성.
- 何等(하등): 아무런. 조금도
- 佳景(가경): 아름다운 경치.
- 供給(공급): 물건을 대어 줌.
- 例規(예규): 관례로 되어 있는 규칙.
- 使命(사명): 남에게 받은 직무.
- 侍女(시녀): 궁녀.
- 依賴(의뢰): 남에게 의지함.
- 係員(계원): 부서에 딸려 일보는 사람.
- 保管(보관): 남의 물건 따위를 맡아 보호함.
- 俗談(속담): 세속의 이야기.
- 信念(신념): 굳게 믿어 의심하지 않는 마음.
- 俊傑(준걸): 지덕(智德)이 뛰어난 사람.

亻 사람인변

促	재촉할 **촉** 亻부 7	促	亻吠	促	促		
侵	침노할 **침** 亻부 7	侵	亻彐又	侵	侵		
便	편할 **편** 똥오줌 **변** 亻부 7	便	亻更人	便	便		
侯	제후 **후** 亻부 7	侯	亻彐人	侯	侯		
個	낱 **개** 亻부 8	個	亻冂固	個	個		
俱	함께 **구** 亻부 8	俱	亻冂三六	俱	俱		
倒	넘어질 **도** 亻부 8	倒	亻彐工刂	倒	倒		
倫	인륜 **륜** 亻부 8	倫	亻스冊	倫	倫		
倣	본뜰 **방** 亻부 8	倣	亻方攵	倣	倣		
倍	곱 **배** 亻부 8	倍	亻立口	倍	倍		
修	닦을 **수** 亻부 8	修	亻攵彡	修	修		
借	빌 **차** 亻부 8	借	亻廾日	借	借		
値	값 **치** 亻부 8	値	亻直	値	値		
候	기후 **후** 亻부 8	候	亻彐夊	候	候		
假	거짓 **가** 亻부 9	假	亻彐又	假	假		

- 促求(촉구): 재촉하여 요구함.
- 侵蝕(침식): 차츰차츰 먹어 들어감.
- 簡便(간편): 간단하고 편리함.
- 王侯(왕후): 임금과 제후.
- 個人(개인): 사회를 조직하는 낱낱의 사람.
- 俱現(구현): 내용이 모두 드러남.
- 倒置(도치): 순서를 뒤바꾸어 둠.
- 倫理(윤리): 도덕의 모범된 원리.
- 模倣(모방): 본떠서 함.
- 倍加(배가): 갑절을 더함.
- 修正(수정): 올바르게 고침.
- 借用(차용): 물건이나 돈을 빌거나 꾸어 씀.
- 數値(수치): 셈하여 나온 수.
- 徵候(징후): 조짐의 모양.
- 假飾(가식): 언행을 거짓꾸밈.

亻 사람인변

健	굳셀 **건** 亻부 9	健			
偶	짝 **우** 亻부 9	偶			
偉	클 **위** 亻부 9	偉			
停	머무를 **정** 亻부 9	停			
側	곁 **측** 亻부 9	側			
傑	뛰어날 **걸** 亻부 10	傑			
傍	곁 **방** 亻부 10	傍			
備	갖출 **비** 亻부 10	備			
傾	기울 **경** 亻부 11	傾			
僅	겨우 **근** 亻부 11	僅			
傷	다칠 **상** 亻부 11	傷			
傲	거만할 **오** 亻부 11	傲			
傳	전할 **전** 亻부 11	傳			
債	빚 **채** 亻부 11	債			
催	재촉할 **최** 亻부 11	催			

·健康(건강): 몸이 튼튼하고 병이 없음.
·偶然(우연): 뜻하지 않은 일. 뜻밖에.
·偉大(위대): 뛰어나고 훌륭함.
·停止(정지): 동작을 중도에서 그만둠.
·側面(측면): 정면에 대하여 좌우의 면.

·傑作(걸작): 아주 잘 된 훌륭한 작품.
·傍觀(방관): 일에 관계하지 않고 보고만 있음.
·整備(정비): 가다듬어 바로 갖춤.
·傾向(경향): 일이 되어 가는 형편.
·僅少(근소): 조금. 약간.

·傷處(상처): 다친 자리.
·傲慢(오만): 태도가 거만함.
·傳染(전염): 옮아 물들음. 병이 남에게 옮음.
·債權(채권): 빚을 받을 권리.
·催告(최고): 재촉하는 뜻의 통지.

像	모양 **상** 亻부 12	像			
僧	중 **승** 亻부 12	僧			
僞	거짓 **위** 亻부 12	僞			
價	값 **가** 亻부 13	價			
儉	검소할 **검** 亻부 13	儉			
億	억 **억** 亻부 13	億			
儀	거동 **의** 亻부 13	儀			
儒	선비 **유** 亻부 14	儒			
償	갚을 **상** 亻부 15	償			
優	넉넉할 **우** 亻부 15	優			
元	으뜸 **원** 儿부 2	元			
兄	형 **형** 儿부 3	兄			
光	빛 **광** 儿부 4	光			
先	먼저 **선** 儿부 4	先			
兆	억조 **조** 儿부 4	兆			

イ 사람인변

几 걷는사람인

- 肖像(초상): 용모를 본떠서 비슷하게 만듦.
- 高僧(고승): 학덕이 높은 승려.
- 僞善(위선): 표면상으로만 착한 체함.
- 價値(가치): 값어치.
- 儉約(검약): 검소하고 절약함.
- 億萬(억만): 억. 썩 많은 수효.
- 儀禮(의례): 의식을 차리는 예법.
- 儒生(유생): 유도(儒道)를 닦는 선비.
- 償還(상환): 빚을 갚음.
- 優待(우대): 특별하게 잘 대우함.
- 元氣(원기): 만물이 이루어진 근본적인 힘.
- 兄弟(형제): 형과 아우.
- 榮光(영광): 빛나는 영예.
- 先頭(선두): 첫머리.
- 前兆(전조): 미리 나타나 보이는 조짐.

14 千八百字 따라쓰기

儿 걷는사람인	充	채울 **충** 儿부 4	充	云儿	充	充
	克	이길 **극** 儿부 5	克	一功儿	克	克
	免	면할 **면** 儿부 5	免	字儿	免	免
	兒	아이 **아** 儿부 6	兒	仨儿	兒	兒
	兎	도끼 **토** 儿부 6	兎	字心	兎	兎
入 들입	入	들 **입** 入부 0	入	八	入	入
	內	안 **내** 入부 2	內	门八	內	內
	全	온전 **전** 入부 4	全	八三	全	全
	兩	두 **량** 入부 6	兩	门八	兩	兩
八 여덟팔	八	여덟 **팔** 八부 0	八	八	八	八
	公	공평할 **공** 八부 2	公	八ㄥ	公	公
	六	여섯 **륙** 八부 2	六	二八	六	六
	兮	어조사 **혜** 八부 2	兮	八丂	兮	兮
	共	한가지 **공** 八부 4	共	丌一八	共	共
	兵	병사 **병** 八부 5	兵	斤一八	兵	兵

· 充員(충원): 부족한 인원을 채움.
· 克服(극복): 이기어 냄.
· 免職(면직): 자리를 물러나게 함.
· 健兒(건아): 씩씩한 사나이.
· 兎皮(토피): 토끼 가죽.

· 入學(입학): 학교에 들어감.
· 內容(내용): 사물의 속내. 또는 속속.
· 全國(전국): 한 나라의 전체(全體).
· 兩家(양가): 두 편의 집.
· 二八靑春(이팔청춘): 열 여섯 살 전후.

· 公正(공정): 공평하고 올바름.
· 六旬(육순): 예순살.
· 樂兮(낙혜): 즐거움이여.
· 共存(공존): 함께 살아 나감. 같이 존재함.
· 兵馬(병마): 병졸과 군마.

具	갖출 **구** 八부 6	具	门三八	具	具				
其	그 **기** 八부 6	其	丌三八	其	其				
典	법 **전** 八부 6	典	门凹八	典	典				
兼	겸할 **겸** 八부 8	兼	今一兴	兼	兼				
冊	책 **책** 冂부 3	冊	门川一	冊	冊				
再	두 **재** 冂부 4	再	刀二	再	再				
冠	갓 **관** 冖부 7	冠	冫冠丁丶	冠	冠				
冥	어두울 **명** 冖부 7	冥	冖口旦六	冥	冥				
冬	겨울 **동** 冫부 3	冬	久三	冬	冬				
冷	찰 **랭** 冫부 5	冷	氵个	冷	冷				
凍	얼 **동** 冫부 8	凍	冫百八	凍	凍				
凉	서늘할 **량** 冫부 8	凉	冫亠口小	凉	凉				
凡	무릇 **범** 几부 1	凡	几乙丶	凡	凡				
凶	흉할 **흉** 凵부 2	凶	乂凵	凶	凶				
出	날 **출** 凵부 3	出	一凵凵	出	出				

오른쪽 부수:
- 八 여덟팔
- 冂 멀 경
- 冖 민갓머리
- 冫 이수변
- 几 안석궤
- 凵 입벌릴감

- **具備**(구비): 모두 빠짐없이 갖춤.
- **各其**(각기): 각각. 저마다.
- **字典**(자전): 한자를 일정하게 편집한 책.
- **兼備**(겸비): 두 가지 이상을 겸하여 갖춤.
- **冊床**(책상): 책을 올려놓는 기구.
- **再建**(재건): 무너진 것을 다시 일으켜 세움.
- **弱冠**(약관): 남자가 스무 살이 된 때.
- **冥想**(명상): 눈을 감고 고요히 생각함.
- **越冬**(월동): 겨울을 넘김.
- **冷却**(냉각): 아주 식음.
- **冷凍**(냉동): 냉각시켜 얼림.
- **荒凉**(황량): 황폐하고 쓸쓸함.
- **非凡**(비범): 보통이 아니고 아주 뛰어남.
- **凶計**(흉계): 흉악한 꾀.
- **出現**(출현): 나타남.

刀 칼 도	刀	칼 **도** 刀부 0	刀	コ ノ	刀	刀						
	刃	칼날 **인** 刀부 1	刃	コ ハ	刃	刃						
	分	나눌 **분** 刀부 2	分	ハ コ	分	分						
	切	끊을 **절** 온통 **체** 刀부 2	切	ヒ コ ノ	切	切						
	初	처음 **초** 刀부 5	初	ネ く コ	初	初						
	券	문서 **권** 刀부 6	券	ソ ハ コ	券	券						
刂 선칼도방	刊	새길 **간** 刂부 3	刊	二 丨 刂	刊	刊						
	列	벌릴 **렬** 刂부 4	列	ラ 丶 刂	列	列						
	刑	형벌 **형** 刂부 4	刑	二 丿 刂	刑	刑						
	利	이할 **리** 刂부 5	利	チ ハ 刂	利	利						
	別	다를 **별** 나눌 **별** 刂부 5	別	冂 ヲ 刂	別	別						
	判	판단할 **판** 刂부 5	判	ソ 丨 刂	判	判						
	刻	새길 **각** 刂부 6	刻	亥 刂	刻	刻						
	到	이를 **도** 刂부 6	到	厶 工 刂	到	到						
	刷	인쇄할 **쇄** 刂부 6	刷	ヲ コ 刂	刷	刷						

- **短刀**(단도): 아주 짧은 칼.
- **刃傷**(인상): 칼날로 사람을 상하게 함.
- **分明**(분명): 흐릿하지 아니 하고 또렷함.
- **切實**(절실): 아주 긴요함.
- **始初**(시초): 맨 처음.
- **入場券**(입장권): 입장에 필요로 하는 표.
- **刊行**(간행): 인쇄하여 발행함.
- **列强**(열강): 여러 강한 나라들.
- **刑罰**(형벌): 범죄자에게 주는 제재.
- **利用**(이용): 물건을 이롭게 씀.
- **區別**(구별): 서로 다른 것을 갈라놓음.
- **判異**(판이): 아주 다름.
- **刻苦**(각고): 몹시 애씀.
- **到達**(도달): 정한 것에 이름.
- **刷新**(쇄신): 묵은 것을 없애고 새롭게 함.

刺	찌를 **자** 찌를 **척** 刂부 6	刺	刺		刺	刺					刂 선칼도방
制	절제할 **제** 刂부 6	制	制		制	制					
削	깍을 **삭** 刂부 7	削	削		削	削					
前	앞 **전** 刂부 7	前	前		前	前					
則	법칙 **칙** 곧 **즉** 刂부 7	則	則		則	則					
剛	굳셀 **강** 刂부 8	剛	剛		剛	剛					
副	버금 **부** 刂부 9	副	副		副	副					
創	비롯할 **창** 刂부 10	創	創		創	創					
割	벨 **할** 刂부 10	割	割		割	割					
劃	그을 **획** 刂부 12	劃	劃		劃	劃					
劍	칼 **검** 刂부 13	劍	劍		劍	劍					
劇	심할 **극** 刂부 13	劇	劇		劇	劇					
力	힘 **력** 力부 0	力	力		力	力					力 힘 력
加	더할 **가** 力부 3	加	加		加	加					
功	공 **공** 力부 3	功	功		功	功					

- 刺傷(자상): 칼 따위에 찔린 상처.
- 制度(제도): 마련한 법도. 나라의 법칙.
- 削減(삭감): 깍고 줄임.
- 前科(전과): 이전에 형벌을 받았음.
- 規則(규칙): 정해진 질서.
- 剛直(강직): 마음이 굳세고 곧음.
- 副業(부업): 본업밖에 하는 벌이.
- 創案(창안): 처음으로 생각하여 냄.
- 割當(할당): 몫을 나누어 분배함.
- 區劃(구획): 경계를 갈라서 정함.
- 劍客(검객): 검술을 잘 하는 사람.
- 劇團(극단): 연극하는 단체.
- 力説(역설): 힘써 말함.
- 加重(가중): 더 무거워짐.
- 功過(공과): 공로와 과실.

力 힘 력	劣	못할 **렬** 力부 4	劣			劣	劣				
	努	힘쓸 **노** 力부 5	努			努	努				
	助	도울 **조** 力부 5	助			助	助				
	勉	힘쓸 **면** 力부 7	勉			勉	勉				
	勇	날랠 **용** 力부 7	勇			勇	勇				
	動	움직일 **동** 力부 9	動			動	動				
	務	힘쓸 **무** 力부 9	務			務	務				
	勞	일할 **로** 力부 10	勞			勞	勞				
	勝	이길 **승** 力부 10	勝			勝	勝				
	勤	부지런할 **근** 力부 11	勤			勤	勤				
	募	모을 **모** 뽑을 **모** 力부 11	募			募	募				
	勢	형세 **세** 力부 11	勢			勢	勢				
	勵	힘쓸 **려** 力부 15	勵			勵	勵				
	勸	권할 **권** 力부 18	勸			勸	勸				
勹 쌀 포	勿	말 **물** 勹부 2	勿			勿	勿				

- 劣等(열등): 낮은 등급. 등급이 떨어짐.
- 努力(노력): 힘을 씀.
- 助力(조력): 힘을 도와줌.
- 勉學(면학): 학문에 힘씀.
- 勇敢(용감): 씩씩하고 기운참.
- 騷動(소동): 소란하게 되는 일.
- 公務(공무): 국가 또는 공공단체의 사무.
- 勞賃(노임): 품삯. 노동임금.
- 勝利(승리): 싸움에 이김.
- 勤儉(근검): 부지런하고 검소함.
- 募金(모금): 기부금을 모음.
- 勢力(세력): 권세의 힘.
- 激勵(격려): 기운을 북돋우어 힘쓰도록 함.
- 勸誘(권유): 권하여 꾀임.
- 勿論(물론): 말할 것도 없음.

包	쌀 **포** 勹부 3	包							
化	될 **화** 匕부 2	化							
北	북녘 **북** 달아날 **배** 匕부 3	北							
匹	짝 **필** 匚부 2	匹							
區	구분할 **구** 匚부 9	區							
十	열 **십** 十부 0	十							
千	일천 **천** 十부 1	千							
升	되 **승** 오를 **승** 十부 2	升							
午	낮 **오** 十부 2	午							
半	반 **반** 十부 3	半							
卑	낮을 **비** 十부 6	卑							
卒	마칠 **졸** 十부 6	卒							
協	화할 **협** 十부 6	協							
南	남녘 **남** 十부 7	南							
博	넓을 **박** 十부 10	博							

| 勹 쌀 포 |
| 匕 비수 비 |
| 匚 감출 혜 |
| 十 열 십 |

- 包圍(포위) : 언저리를 둘러쌈.
- 强化(강화) : 강하게 함.
- 北方(북방) : 북쪽 지방.
- 配匹(배필) : 부부로서 알맞은 짝.
- 區分(구분) : 구별하여 나눔.
- 十年知己(십년지기) : 오래전부터 사귀어 온 친구.
- 千軍萬馬(천군만마) : 많은 군사와 말.
- 斗升(두승) : 말과 되.
- 午睡(오수) : 낮잠.
- 半徑(반경) : 원이나 구의 반지름.
- 卑賤(비천) : 신분이 낮고 천함.
- 卒業(졸업) : 규정된 교과나 학과과정을 마침.
- 協同(협동) : 힘과 마음을 함께 합침.
- 南向(남향) : 남쪽으로 향함.
- 博愛(박애) : 모든 사람을 널리 평등하게 사랑함.

20 千八百字 따라쓰기

부수	한자	훈음					
卜 점 복	卜	점 **복** 卜부 0	卜	ト、	卜	卜	
	占	점령할 **점** 점칠 **점** 卜부 3	占	ト口	占	占	
卩 병부절	卯	토끼 **묘** 卩부 3	卯	卯기	卯	卯	
	危	위태할 **위** 卩부 4	危	危	危	危	
	印	도장 **인** 卩부 4	印	印기	印	印	
	却	물리칠 **각** 卩부 5	却	却기	却	却	
	卵	알 **란** 卩부 5	卵	卵기、	卵	卵	
	卷	책 **권** 말 **권** 卩부 6	卷	卷分	卷	卷	
	卽	곧 **즉** 卩부 7	卽	卽기	卽	卽	
	卿	벼슬 **경** 卩부 10	卿	卿기	卿	卿	
厂 굴바위엄	厄	액 **액** 厂부 2	厄	厄	厄	厄	
	厚	두터울 **후** 厂부 7	厚	厚	厚	厚	
	原	언덕 **원** 厂부 8	原	原八	原	原	
	厥	그 **궐** 厂부 10	厥	厥次	厥	厥	
厶 사사사	去	갈 **거** 厶부 3	去	去厶	去	去	

- 卜債(복채) : 점친 값으로 내주는 돈.
- 占有(점유) : 자기소유로 차지함.
- 卯時(묘시) : 오전 5~7시 까지의 사이.
- 危急(위급) : 위태롭고 급함.
- 捺印(날인) : 도장을 찍음.
- 賣却(매각) : 물건을 팔아버림.
- 産卵(산란) : 알을 낳음.
- 卽位(즉위) : 왕위에 오름. 자리에 앉음.
- 卷頭言(권두언) : 책 따위의 머리말.
- 卿相(경상) : 재상. 대신(大臣).
- 厄運(액운) : 액을 당할 모질고 사나운 운수.
- 厚待(후대) : 후하게 대접함.
- 原理(원리) : 으뜸이 되는 이치.
- 厥後(궐후) : 그 이후.
- 過去(과거) : 이미 지나간 때.

參	참여할 **참** 석 **삼** 厶부 9	參	厽 仒	參	參			ム 사사 사
又	또 **우** 又부 0	又	フ乀	又	又			又 또 우
及	미칠 **급** 又부 2	及	丿丂乀	及	及			
反	돌아올 **반** 돌이킬 **반** 又부 2	反	厂丆乀	反	反			
友	벗 **우** 又부 2	友	一丿乀	友	友			
受	받을 **수** 又부 6	受	爫冖又	受	受			
叔	아재비 **숙** 又부 6	叔	上小又	叔	叔			
取	가질 **취** 又부 6	取	耳丿又	取	取			
叛	배반할 **반** 又부 7	叛	半丿反	叛	叛			
敍	펼 **서** 又부 7	敍	余小乀	敍	敍			
口	입 **구** 口부 0	口	丨丿一	口	口			口 입 구
可	옳을 **가** 口부 2	可	丁口丨	可	可			
古	예 **고** 口부 2	古	一丨口	古	古			
句	글귀 **구** 口부 2	句	勹口	句	句			
叫	부르짖을 **규** 口부 2	叫	口丩丨	叫	叫			

- **參席**(참석): 자리에 참여함.
- **又況**(우황): 하물며. 더군다나.
- **及第**(급제): 과거나 시험에 합격됨.
- **反對**(반대): 사물이 맞서 다름.
- **友邦**(우방): 서로 친밀히 상통하는 나라.
- **受賞**(수상): 상을 받음.
- **叔姪**(숙질): 아저씨와 조카.
- **取得**(취득): 자기 소유로 만듦.
- **叛亂**(반란): 배반하여 난리를 일으킴.
- **敍事**(서사): 사실을 있는 그대로 서술함.
- **家口**(가구): 집안 식구. 집안의 사람 수효.
- **可望**(가망): 될 만한 희망.
- **古典**(고전): 옛날의 의식, 작품, 문헌.
- **句句節節**(구구절절): 구절 구절마다.
- **絶叫**(절규): 힘을 다하여 부르짖음.

口
입 구

司	맡을 **사** 口부 2	司	丁	卭	司	司		
史	사기 **사** 口부 2	史	口	人	史	史		
召	부를 **소** 口부 2	召	尸	口	召	召		
右	오른쪽 **우** 오른 **우** 口부 2	右	人	口	右	右		
只	다만 **지** 口부 2	只	口	八	只	只		
各	각각 **각** 口부 3	各	夂	口	各	各		
吉	길할 **길** 口부 3	吉	工	口	吉	吉		
同	한가지 **동** 口부 3	同	门	둔	同	同		
吏	벼슬아치 **리** 口부 3	吏	一	人	吏	吏		
名	이름 **명** 口부 3	名	夕	口	名	名		
吐	토할 **토** 口부 3	吐	口	土	吐	吐		
合	합할 **합** 口부 3	合	人	口	合	合		
向	향할 **향** 口부 3	向	行	口	向	向		
告	고할 **고** 口부 4	告	生	口	告	告		
君	임금 **군** 口부 4	君	尹	口	君	君		

• 司正(사정) : 그릇된 일을 다스려 바로잡음.
• 史學(사학) : 역사를 연구하는 학문.
• 召集(소집) : 불러서 모음.
• 左右(좌우) : 왼쪽과 오른쪽을 말함.
• 只今(지금) : 현재. 말하는 바로 이때.

• 各自(각자) : 제각기. 각각의 자신.
• 吉日(길일) : 좋은 날.
• 同寢(동침) : 부부 또는 남녀가 같이 잠을 잠.
• 官吏(관리) : 관원. 공무원.
• 名曲(명곡) : 유명한 노래나, 악곡.

• 嘔吐(구토) : 먹은 음식물을 게움.
• 合計(합계) : 합쳐 계산함.
• 向方(향방) : 향하여 나아가는 일정한 방향.
• 布告(포고) : 일반에게 널리 알림.
• 君臣(군신) : 임금과 신하.

口
입 구

否	아닐 **부** 口부 4	否	否		否	否		
吾	나 **오** 口부 4	吾	吾		吾	吾		
吟	읊을 **음** 口부 4	吟	吟		吟	吟		
吹	불 **취** 口부 4	吹	吹		吹	吹		
含	머금을 **함** 口부 4	含	含		含	含		
吸	마실 **흡** 口부 4	吸	吸		吸	吸		
命	목숨 **명** 口부 5	命	命		命	命		
味	맛 **미** 口부 5	味	味		味	味		
周	두루 **주** 口부 5	周	周		周	周		
呼	부를 **호** 口부 5	呼	呼		呼	呼		
和	화할 **화** 口부 5	和	和		和	和		
哀	슬플 **애** 口부 6	哀	哀		哀	哀		
哉	어조사 **재** 口부 6	哉	哉		哉	哉		
品	물건 **품** 口부 6	品	品		品	品		
咸	나 **힘** 성 **함** 口부 6	咸	咸		咸	咸		

- **否定**(부정): 그렇지 않다고 인정함.
- **吾等**(오등): 우리들.
- **吟詠**(음영): 시나 노래를 읊음.
- **吹入**(취입): 불어넣어 줌.
- **包含**(포함): 속에 들어 있음.
- **吸煙**(흡연): 담배를 피움.
- **天命**(천명): 하늘의 명령.
- **味覺**(미각): 혀 따위로 맛을 느끼는 감각.
- **周知**(주지): 여러 사람이 두루 앎.
- **呼名**(호명): 이름을 부름.
- **和親**(화친): 서로 의좋게 지내는 것.
- **哀悼**(애도): 사람의 죽음을 슬퍼함.
- **嗚呼痛哉**(오호통재): 아, 슬프도다.
- **品質**(품질): 물건의 성질과 바탕.
- **咸興差使**(함흥차사): 한번 가면 소식이 없음.

口
입 구

哭	울 곡 口부 7	哭	卯天	哭	哭			
唐	당나라 당 당황할 당 口부 7	唐	产1口	唐	唐			
員	인원 원 口부 7	員	口目貝	員	員			
哲	밝을 철 口부 7	哲	扌斤口	哲	哲			
啓	열 계 口부 8	啓	宦攵口	啓	啓			
問	물을 문 口부 8	問	冂冂門口	問	問			
商	장사 상 口부 8	商	六冂啇	商	商			
唯	오직 유 口부 8	唯	口亻隹	唯	唯			
唱	부를 창 口부 8	唱	口昌	唱	唱			
單	홑 단 口부 9	單	口口單	單	單			
喪	잃을 상 口부 9	喪	品衣	喪	喪			
善	착할 선 口부 9	善	羊口	善	善			
喉	목구멍 후 口부 9	喉	口亻矢人	喉	喉			
喜	기쁠 희 口부 9	喜	士口豆	喜	喜			
嗚	슬플 오 口부 10	嗚	口烏灬	嗚	嗚			

- 哭聲(곡성) : 곡하는 소리.
- 荒唐(황당) : 거칠고 허황됨.
- 減員(감원) : 인원수를 줄임.
- 明哲(명철) : 세상나 사리에 밝음.
- 啓導(계도) : 깨우쳐 이끌어 줌.
- 問題(문제) : 대답을 얻기 위한 물음.
- 商業(상업) : 장사하는 영업.
- 唯一(유일) : 오직 하나 밖에 없음.
- 先唱(선창) : 맨 먼저 주창(主唱)함.
- 單一(단일) : 단하나.
- 喪家(상가) : 초상난 집. 상제의 집.
- 善導(선도) : 올바른 길로 인도함.
- 喉頭(후두) : 호흡기관의 윗 부분.
- 喜悲(희비) : 기쁨과 슬픔.
- 嗚咽(오열) : 목메어 욺.

嘗	맛볼 **상** 口부 11	嘗			嘗	嘗		
器	그릇 **기** 口부 13	器			器	器		
噫	한숨쉴 **희** 트림할 **애** 口부 13	噫			噫	噫		
嚴	엄할 **엄** 口부 17	嚴			嚴	嚴		
四	넉 **사** 囗부 2	四			四	四		
囚	가둘 **수** 囗부 2	囚			囚	囚		
因	인할 **인** 囗부 3	因			因	因		
回	돌아올 **회** 囗부 3	回			回	回		
困	곤할 **곤** 囗부 4	困			困	困		
固	굳을 **고** 囗부 5	固			固	固		
國	나라 **국** 囗부 8	國			國	國		
圍	에워쌀 **위** 囗부 9	圍			圍	圍		
圓	둥글 **원** 囗부 10	圓			圓	圓		
園	동산 **원** 囗부 10	園			園	園		
團	둥글 **단** 囗부 11	團			團	團		

口 입 구

囗 에울위

- 嘗膽(상담): 쓸개를 맛봄.
- 食器(식기): 밥을 담아서 먹는 그릇.
- 噫噫(희희): 감탄하는 소리.
- 嚴格(엄격): 언행이 엄숙함.
- 四角(사각): 네모 모양.

- 罪囚(죄수): 옥에 갇힌 죄인.
- 因果(인과): 원인과 결과를 뜻함.
- 回答(회답): 물음에 답을 줌.
- 困難(곤란): 어려움.
- 堅固(견고): 굳고 튼튼함.

- 國家(국가): 나라.
- 範圍(범위): 제한된 둘레의 언저리.
- 圓滿(원만): 모난 데가 없고 둥글둥글함.
- 庭園(정원): 집안의 뜰.
- 團結(단결): 많은 사람이 한마음으로 뭉침.

圖 에울위	圖	그림 **도** 口부 11	圖	门 罒 몸	圖	圖		
土 흙토	土	흙 **토** 土부 0	土	丁 一	土	土		
	在	있을 **재** 土부 3	在	子 丁 一	在	在		
	地	땅 **지** 土부 3	地	工 만	地	地		
	均	고를 **균** 土부 4	均	工 勹 二	均	均		
	坐	앉을 **좌** 土부 4	坐	〈〉 丁 一	坐	坐		
	坤	땅 **곤** 土부 5	坤	工 吅 丨	坤	坤		
	埋	묻을 **매** 土부 7	埋	工 里 二	埋	埋		
	城	재 **성** 土부 7	城	工 厂 乀	城	城		
	堅	굳을 **견** 土부 8	堅	臤 又 工	堅	堅		
	基	터 **기** 土부 8	基	艹 亓 工	基	基		
	堂	집 **당** 土부 8	堂	亅 ⺌ 吅 工	堂	堂		
	培	북돋을 **배** 土부 8	培	工 立 口	培	培		
	域	지경 **역** 土부 8	域	工 或 乀 、	域	域		
	執	잡을 **집** 土부 8	執	工 幸 丮 乀	執	執		

- **圖書**(도서) : 책. 서적.
- **土窟**(토굴) : 땅 속으로 파낸 굴.
- **在學**(재학) : 학교에 다니고 있음.
- **地面**(지면) : 땅의 표면.
- **均等**(균등) : 차별 없이 고름.

- **坐定**(좌정) : 자리잡아 앉음.
- **乾坤**(건곤) : 하늘과 땅.
- **埋伏**(매복) : 몰래 숨어있음.
- **城門**(성문) : 성의 출입문.
- **堅固**(견고) : 굳세고 단단함.

- **基幹**(기간) : 본바탕이 되는 줄기.
- **堂堂**(당당) : 매우 의젓하고 떳떳함.
- **栽培**(재배) : 식물을 심어 가꿈.
- **域內**(역내) : 구역. 또는 지역의 안.
- **執權**(집권) : 정권을 잡음.

報	알릴 **보** 土부 9	報			報	報			
場	마당 **장** 土부 9	場			場	場			
堤	둑 **제** 土부 9	堤			堤	堤			
塊	흙덩이 **괴** 土부 10	塊			塊	塊			
塞	막힐 **색** 변방 **새** 土부 10	塞			塞	塞			
塔	탑 **탑** 土부 10	塔			塔	塔			
境	지경 **경** 土부 11	境			境	境			
墓	무덤 **묘** 土부 11	墓			墓	墓			
墨	먹 **묵** 土부 12	墨			墨	墨			
墳	봉분 **분** 무덤 **분** 土부 12	墳			墳	墳			
增	더할 **증** 土부 12	增			增	增			
墮	떨어질 **타** 土부 12	墮			墮	墮			
壇	단 **단** 土부 13	壇			壇	壇			
壁	벽 **벽** 土부 13	壁			壁	壁			
墙	담 **장** 土부 13	墙			墙	墙			

土
흙 토

· 報復(보복) : 앙갚음.
· 場所(장소) : 처소, 자리, 곳.
· 堤防(제방) : 둑, 방죽.
· 金塊(금괴) : 금덩이.
· 梗塞(경색) : 흐름이 막히고 사멸됨.
· 石塔(석탑) : 돌로 만든 탑.
· 國境(국경) : 나라와 나라 사이의 경계.
· 墓碑(묘비) : 무덤 앞에 세우는 비석.
· 墨畵(묵화) : 먹으로 그린 동양화.
· 墳墓(분묘) : 무덤.
· 增加(증가) : 더해져서 많아짐.
· 墮淚(타루) : 눈물을 흘림.
· 登壇(등단) : 연단, 교단에 오름.
· 壁畵(벽화) : 바람벽 위에 그린 그림.
· 墙外(장외) : 담 바깥.

土 흙 토	壓	누를 **압** 억누를 **압** 土부 14	壓	厂 厭 犬 土	壓	壓		
	壞	무너질 **괴** 土부 16	壞	土 亠 吂 罒 衣	壞	壞		
	壤	흙덩이 **양** 土부 17	壤	土 亠 吂 罒 衣	壤	壤		
士 선비사	士	선비 **사** 士부 0	士	一 一 丄	士	士		
	壬	북방 **임** 士부 1	壬	二 二 壬	壬	壬		
	壯	장할 **장** 士부 4	壯	丬 壯 壯	壯	壯		
	壹	한 **일** 갖은한 **일** 士부 9	壹	士 壴 壹	壹	壹		
	壽	목숨 **수** 士부 11	壽	士 王 壽 壽	壽	壽		
夊 천천히걸을쇠	夏	여름 **하** 夊부 7	夏	百 頁 夊	夏	夏		
夕 저녁석	夕	저녁 **석** 夕부 0	夕	丿 夕 夕	夕	夕		
	外	바깥 **외** 夕부 2	外	夕 外	外	外		
	多	많을 **다** 夕부 3	多	夕 多	多	多		
	夜	밤 **야** 夕부 5	夜	亠 亻 夜	夜	夜		
	夢	꿈 **몽** 夕부 11	夢	艹 罒 冖 夕	夢	夢		
大 큰 대	大	큰 **대** 大부 0	大	一 大	大	大		

- **壓倒**(압도) : 상대편을 눌러 넘어뜨림.
- **崩壞**(붕괴) : 허물어져 무너져 내림.
- **土壤**(토양) : 곡물이 잘 자랄 수 있는 흙.
- **士兵**(사병) : 하사관 이하의 군인.
- **壬人**(임인) : 간사한 사람.
- **壯觀**(장관) : 굉장하여 볼만한 광경.
- **壹是**(일시) : 모든 것이 한결같이.
- **壽宴**(수연) : 장수를 축하하는 잔치.
- **夏服**(하복) : 여름에 입는 옷.
- **夕刊**(석간) : 저녁에 배달되는 신문.
- **外貨**(외화) : 외국의 화폐.
- **多樣**(다양) : 모양이나 양식이 여러 가지임.
- **夜勤**(야근) : 밤에 근무함.
- **胎夢**(태몽) : 아이를 밸 징조의 꿈.
- **大望**(대망) : 큰 희망.

大
큰 대

夫	지아비 **부** 大부 1	夫	二 人		夫	夫		
天	하늘 **천** 大부 1	天	二 人		天	天		
太	클 **태** 大부 1	太	一 人		太	太		
失	잃을 **실** 大부 2	失	仁 人		失	失		
央	가운데 **앙** 大부 2	央	凵 人		央	央		
夷	오랑케 **이** 大부 3	夷	弓 人		夷	夷		
奇	기특할 **기** 大부 5	奇	天 可		奇	奇		
奈	어찌 **내** 나락 **나** 大부 5	奈	天 示		奈	奈		
奉	받들 **봉** 大부 5	奉	三 人 三		奉	奉		
奔	달릴 **분** 大부 6	奔	天 丌		奔	奔		
契	맺을 **계** 나라이름 **글** 大부 6	契	三 刀 天		契	契		
奚	어찌 **해** 大부 7	奚	爫 幺 大		奚	奚		
奬	장려할 **장** 大부 11	奬	丬 夕 寸 大		奬	奬		
奪	빼앗을 **탈** 大부 11	奪	大 隹 寸		奪	奪		
奮	떨칠 **분** 大부 13	奮	大 隹 田		奮	奮		

- **夫人**(부인) : 남의 아내를 높인 말임.
- **天職**(천직) : 타고난 직분.
- **太古**(태고) : 아주 오랜 옛날.
- **失言**(실언) : 실수로 말을 잘못함.
- **中央**(중앙) : 사방의 중심이 되는 곳.
- **東夷**(동이) : 동쪽의 오랑캐라는 뜻.
- **怪奇**(괴기) : 괴상하고 기이함.
- **奈落**(나락) : 벗어나기 어려운 절망적 상황.
- **奉仕**(봉사) : 남의 뜻을 받들어 섬김.
- **奔走**(분주) : 몹시 바쁨. 바쁘게 돌아다님.
- **默契**(묵계) : 말없는 가운데 우연히 뜻이 맞음.
- **奚故**(해고) : 무슨 까닭.
- **奬勵**(장려) : 권하여 북돋아 줌.
- **奪取**(탈취) : 빼앗아 가짐.
- **奮發**(분발) : 마음과 힘을 돋우어 일으킴.

女
계집녀

女	계집 **녀** 女부 0	女	〈丿一	女	女			
奴	종 **노** 女부 2	奴	〈丿又	奴	奴			
妄	망령될 **망** 女부 3	妄	亠〈丿	妄	妄			
妃	왕비 **비** 女부 3	妃	〈丿己	妃	妃			
如	같을 **여** 女부 3	如	〈丿口	如	如			
好	좋을 **호** 女부 3	好	〈丿子一	好	好			
妙	묘할 **묘** 女부 4	妙	〈丿小	妙	妙			
妨	방해할 **방** 女부 4	妨	〈一亠丿	妨	妨			
妥	온당할 **타** 女부 4	妥	爫〈丿	妥	妥			
姑	시어미 **고** 女부 5	姑	〈丿古	姑	姑			
妹	누이 **매** 女부 5	妹	〈丿未	妹	妹			
姓	성 **성** 女부 5	姓	〈一生	姓	姓			
始	비로소 **시** 女부 5	始	〈一台	始	始			
委	맡길 **위** 女부 5	委	禾八〈	委	委			
姉	손위누이 **자** 女부 5	姉	〈丿市	姉	姉			

- **淑女**(숙녀) : 교양과 품격을 갖춘 여자.
- **奴婢**(노비) : 사내종과 계집종의 총칭.
- **妄想**(망상) : 망령된 생각. 허황된 생각.
- **王妃**(왕비) : 임금의 아내.
- **如實**(여실) : 사실과 똑같음.

- **好況**(호황) : 경기가 좋음.
- **妙技**(묘기) : 교묘한 기술과 재주.
- **無妨**(무방) : 거리낄 것이 없음. 지장이 없음.
- **妥當**(타당) : 사리에 맞아 마땅함.
- **姑婦**(고부) : 시어머니와 며느리.

- **姉妹**(자매) : 손위 누이와 손아래 누이.
- **姓名**(성명) : 성과 이름.
- **始務式**(시무식) : 연초에 근무를 시작하는 의식.
- **委託**(위탁) : 위촉하여 부탁함.
- **姉兄**(자형) : 손위 누이의 남편.

妻	아내 **처** 女부 5	妻	ㅋ ㅅ ㄧ	妻	妻				**女** 계집녀
妾	첩 **첩** 女부 5	妾	立 ㅅ ㅡ	妾	妾				
姦	간음할 **간** 女부 6	姦	ㅅ ㅅ ㅅ	姦	姦				
威	위엄 **위** 女부 6	威	ㄷ ㅅ ㅅ	威	威				
姻	혼인 **인** 女부 6	姻	ㅅ ㅁㄷ	姻	姻				
姿	모양 **자** 女부 6	姿	ㄱ ㅅ ㅡ	姿	姿				
姪	조카 **질** 女부 6	姪	ㅅ ㄷ工	姪	姪				
娘	계집 **낭** 女부 7	娘	ㅅ ㅡ ㄹㄴ	娘	娘				
娛	즐길 **오** 女부 7	娛	ㅅ ㄴ ㅁㅅ	娛	娛				
婦	며느리 **부** 女부 8	婦	ㅅ ㅎ ㄹ	婦	婦				
婢	계집종 **비** 女부 8	婢	ㅅ ㅁㅅ	婢	婢				
婚	혼인할 **혼** 女부 8	婚	ㅅ ㄷㄴ	婚	婚				
媒	중매 **매** 女부 9	媒	ㅅ ㅍㅅ	媒	媒				
子	아들 **자** 子부 0	子	ㄱ ㅡ	子	子				**子** 아들자
孔	十병 **공** 성 **공** 子부 1	孔	ㄱㄴ	孔	孔				

- 妻家(처가): 아내의 본 집.
- 愛妾(애첩): 사랑하는 첩.
- 姦慝(간특): 간사하고 능갈침.
- 威容(위용): 위엄 있는 모습.
- 婚姻(혼인): 남녀가 부부가 되는 길.
- 姿勢(자세): 몸가짐 모양과 그 태도.
- 姪女(질녀): 조카딸.
- 娘子(낭자): 소녀. 아가씨. 처녀.
- 娛樂(오락): 재미있게 즐겁게 노는 놀이.
- 婦人(부인): 기혼 여자.
- 婢僕(비복): 계집종과 사내종.
- 約婚(약혼): 결혼하기로 약속함.
- 仲媒(중매): 혼인을 어울리게 하는 일.
- 子息(자식): 아들과 딸의 총칭.
- 孔孟(공맹): 공자와 맹자를 아울러 이름.

부수	한자	뜻·음					
子 아들자	字	글자 **자** 子부 3	字			字	字
	存	있을 **존** 子부 3	存			存	存
	孝	효도 **효** 子부 4	孝			孝	孝
	季	계절 **계** 子부 5	季			季	季
	孤	외로울 **고** 子부 5	孤			孤	孤
	孟	맏 **맹** 성 **맹** 子부 5	孟			孟	孟
	孫	손자 **손** 성 **손** 子부 7	孫			孫	孫
	孰	누구 **숙** 子부 8	孰			孰	孰
	學	배울 **학** 子부 13	學			學	學
宀 갓머리	守	지킬 **수** 宀부 3	守			守	守
	安	편안할 **안** 宀부 3	安			安	安
	宇	집 **우** 宀부 3	宇			宇	宇
	宅	집 **택** 집 **댁** 宀부 3	宅			宅	宅
	完	완전할 **완** 宀부 4	完			完	完
	官	벼슬 **관** 宀부 5	官			官	官

• 誤字(오자): 잘못 쓴 글자.
• 生存(생존): 끝까지 살아남음.
• 孝道(효도): 부모님을 잘 섬기는 도리.
• 季節(계절): 철.
• 孤獨(고독): 외로움.

• 虛無孟浪(허무맹랑): 터무니없고 허황됨.
• 子孫(자손): 아들과 손자.
• 孰若(숙약): 어느 쪽인가.
• 學費(학비): 학업을 닦는데 쓰이는 비용.
• 守備(수비): 적의 침해로부터 지키어 방비함.

• 安心(안심): 걱정 없이 마음을 편히 가짐.
• 宇宙人(우주인): 외계인. 우주비행사.
• 宅地(택지): 집터.
• 完成(완성): 완전히 다 이룸.
• 舊官(구관): 옛 벼슬아치.

宜	마땅할 **의** ⼧부 5	宜		宜	宜		
定	정할 **정** ⼧부 5	定		定	定		
宗	마루 **종** ⼧부 5	宗		宗	宗		
宙	집 **주** ⼧부 5	宙		宙	宙		
客	손 **객** ⼧부 6	客		客	客		
宣	베풀 **선** ⼧부 6	宣		宣	宣		
室	집 **실** ⼧부 6	室		室	室		
家	집 **가** ⼧부 7	家		家	家		
宮	집 **궁** ⼧부 7	宮		宮	宮		
宴	잔치 **연** ⼧부 7	宴		宴	宴		
容	얼굴 **용** ⼧부 7	容		容	容		
害	해할 **해** ⼧부 7	害		害	害		
寄	부칠 **기** ⼧부 8	寄		寄	寄		
密	빽빽할 **밀** ⼧부 8	密		密	密		
宿	잘 **숙** 별자리 **수** ⼧부 8	宿		宿	宿		

- 宜當(의당): 마땅히 그러함.
- 指定(지정): 이것이라고 가리켜 정함.
- 宗團(종단): 종교 또는 종파의 단체.
- 宇宙(우주): 온갖 물질이 존재하는 공간.
- 客席(객석): 손님이 앉는 자리.
- 宣言(선언): 널리 펴서 말함.
- 居室(거실): 거처하는 방.
- 家事(가사): 집안 일.
- 古宮(고궁): 옛 궁전.
- 宴會(연회): 여러 사람이 모여서 베푸는 잔치.
- 容納(용납): 너그럽게 받아들임.
- 加害(가해): 남에게 손해나 상처를 입힘.
- 寄贈(기증): 물품을 보내어 줌.
- 密告(밀고): 비밀히 고함.
- 宿泊(숙박): 남의 집이나 여관에서 머무름.

宀갓머리	寅	범 **인** 宀부 8	寅			寅	寅				
	寂	고요할 **적** 宀부 8	寂			寂	寂				
	富	부자 **부** 宀부 9	富			富	富				
	寒	찰 **한** 宀부 9	寒			寒	寒				
	寡	적을 **과** 宀부 11	寡			寡	寡				
	寧	편안할 **녕** 宀부 11	寧			寧	寧				
	實	열매 **실** 宀부 11	實			實	實				
	察	살필 **찰** 宀부 11	察			察	察				
	寢	잘 **침** 宀부 11	寢			寢	寢				
	寬	너그러울 **관** 宀부 12	寬			寬	寬				
	寫	베낄 **사** 宀부 12	寫			寫	寫				
	審	살필 **심** 宀부 12	審			審	審				
	寶	보배 **보** 宀부 17	寶			寶	寶				
寸마디촌	寸	마디 **촌** 寸부 0	寸			寸	寸				
	寺	절 **사** 관청 **시** 寸부 3	寺			寺	寺				

- 寅時(인시): 오전 3시부터 5시 사이.
- 寂寞(적막): 적적함. 고요함.
- 富貴(부귀): 재산이 많고 지위가 높음.
- 寒氣(한기): 추운 기운.
- 寡婦(과부): 홀어미.
- 安寧(안녕): 몸이 건강하고 마음이 편안함.
- 實感(실감): 실제의 느낌.
- 考察(고찰): 생각하여 살펴봄.
- 寢食(침식): 잠자는 일과 먹는 일.
- 寬大(관대): 마음이 너그럽고 큼.
- 寫本(사본): 문서나 책을 옮겨 베낌.
- 審査(심사): 자세히 조사함.
- 寶劍(보검): 보배로운 칼. 귀중한 칼.
- 寸陰(촌음): 썩 짧은 시간.
- 寺刹(사찰): 절.

封	봉할 **봉** 寸부 6	封	二土丁、	封	封		**寸** 마디촌
射	쏠 **사** 寸부 7	射	彳身丁、	射	射		
將	장수 **장** 寸부 8	將	丬夕丁	將	將		
專	오로지 **전** 寸부 8	專	叀厶丁	專	專		
尋	찾을 **심** 寸부 9	尋	彐口丁	尋	尋		
尊	높을 **존** 寸부 9	尊	八酋丁	尊	尊		
對	대할 **대** 寸부 11	對	业土寸	對	對		
導	인도할 **도** 寸부 13	導	首辶丁	導	導		
小	작을 **소** 小부 0	小	亅八	小	小		**小** 작을소
少	적을 **소** 젊을 **소** 少부 1	少	小丿	少	少		
尖	뾰족할 **첨** 小부 3	尖	小大	尖	尖		
尚	오히려 **상** 성 **상** 小부 5	尚	小冂口	尚	尚		
尤	더욱 **우** 尢부 1	尤	尢、	尤	尤		**尢** 절름발이왕
就	나아갈 **취** 尢부 9	就	京尤	就	就		
尺	자 **척** 尸부 1	尺	尸八	尺	尺		**尸** 주검시

- **封鎖**(봉쇄): 봉하여 꼭 잠금.
- **發射**(발사): 총포나 활을 내쏨.
- **將來**(장래): 장차 옴. 앞날.
- **專用**(전용): 혼자서만 씀.
- **尋訪**(심방): 방문함. 찾아봄.
- **尊敬**(존경): 받들어 공경함.
- **對策**(대책): 어떤 일에 대응하는 방책.
- **導入**(도입): 끌어들임.
- **小心**(소심): 도량이 좁음. 대담하지 못함.
- **少年**(소년): 어린 사내아이.
- **尖端**(첨단): 사조, 유행 등의 맨 앞장.
- **高尚**(고상): 품은 뜻과 몸가짐이 높음.
- **尤甚**(우심): 더욱 심함.
- **成就**(성취): 목적대로 일을 이룸.
- **尺度**(척도): 계략이나 평가의 기준.

尸 주검시	局	판 **국** 尸부 4	局						
	尾	꼬리 **미** 尸부 4	尾						
	居	살 **거** 尸부 5	居						
	屈	굽힐 **굴** 尸부 5	屈						
	屋	집 **옥** 尸부 6	屋						
	展	펼 **전** 尸부 7	展						
	屛	병풍 **병** 尸부 8	屛						
	屢	자주 **루** 尸부 11	屢						
	履	밟을 **리** 尸부 12	履						
	層	층 **층** 尸부 12	層						
	屬	붙일 **속** 尸부 18	屬						
山 메 산	山	메 **산** 山부 0	山						
	岳	큰산 **악** 山부 5	岳						
	岸	언덕 **안** 山부 5	岸						
	島	섬 **도** 山부 7	島						

- 局限(국한): 어느 한 부분에 한정함.
- 尾行(미행): 몰래 남의 뒤를 밟음.
- 居住(거주): 일정한 곳에 자리를 잡고 삶.
- 屈曲(굴곡): 이리저리 구부러짐.
- 屋上(옥상): 지붕 위.
- 展開(전개): 펴서 벌임.
- 屛蔽(병폐): 막아서 가림.
- 屢次(누차): 여러 차례. 여러 번.
- 履行(이행): 실제로 행함.
- 層階(층계): 층층대.
- 屬性(속성): 사물의 특징. 또는 성질.
- 山林(산림): 산과 숲. 산에 있는 숲.
- 山岳(산악): 높고 큰 산들.
- 海岸(해안): 바닷가. 바닷가의 언덕.
- 島嶼(도서): 크고 작은 여러 섬들.

峯	봉우리 **봉** 山부 7	峯							山 메 산
崩	무너질 **붕** 山부 8	崩							
崇	높을 **숭** 山부 8	崇							
嶺	고개 **령** 山부 14	嶺							
巖	바위 **암** 山부 20	巖							
川	내 **천** 巛부 0	川							巛 내 천
州	고을 **주** 巛부 3	州							
巡	순행할 **순** 巛부 4	巡							
工	장인 **공** 工부 0	工							工 장인공
巨	클 **거** 工부 2	巨							
巧	공교할 **교** 工부 2	巧							
左	왼 **좌** 工부 2	左							
差	다를 **차** 工부 7	差							
己	몸 **기** 己부 0	己							己 몸 기
巳	뱀 **사** 己부 0	巳							

- 最高峯(최고봉) : 가장 높은 봉우리.
- 崩壞(붕괴) : 무너짐.
- 崇高(숭고) : 존엄하고 고상함.
- 雪嶺(설령) : 눈으로 덮인 산 고개.
- 巖盤(암반) : 너르고 반반하게 깔린 반석.
- 名山大川(명산대천) : 이름난 산과 큰 내.
- 州倉(주창) : 주에 있는 곡식 창고.
- 巡視(순시) : 두루 다니며 보살핌.
- 工具(공구) : 일에 쓰이는 소기구.
- 巨物(거물) : 큰 인물이나 물건.
- 巧妙(교묘) : 썩 잘되고 묘함.
- 左側(좌측) : 왼쪽 곁.
- 差異(차이) : 서로 다름. 틀림.
- 克己(극기) : 사욕을 이성(理性)으로 눌러 이김.
- 巳時(사시) : 오전 9시부터 11시 사이.

	己 몸 기	已	이미 **이** 己부 0	已	ㄱ乚	已	已		
		巷	거리 **항** 己부 6	巷	卉공	巷	巷		
	巾 수건 건	市	저자 **시** 巾부 2	市	亠巾	市	市		
		布	베 **포** 보시 **보** 巾부 2	布	ナ巾	布	布		
		希	바랄 **희** 巾부 4	希	乂ナ巾	希	希		
		帥	장수 **수** 巾부 6	帥	㠯巾	帥	帥		
		帝	임금 **제** 巾부 6	帝	立巾	帝	帝		
		師	스승 **사** 巾부 7	師	㠯帀	師	師		
		席	자리 **석** 巾부 7	席	广卄巾	席	席		
		帶	띠 **대** 巾부 8	帶	世冖巾	帶	帶		
		常	떳떳할 **상** 巾부 8	常	尙冖巾	常	常		
		帳	장막 **장** 巾부 8	帳	巾镸	帳	帳		
		幅	폭 **폭** 巾부 9	幅	巾畐	幅	幅		
		幕	장막 **막** 巾부 11	幕	莫巾	幕	幕		
		幣	화폐 **폐** 巾부 12	幣	敝巾	幣	幣		

- 已往(이왕) : 이미 지난.
- 巷間(항간) : 보통 사람들 사이.
- 市街(시가) : 도시의 큰 길거리.
- 公布(공포) : 일반에게 널리 알림.
- 希求(희구) : 원하며 바람.
- 統帥(통수) : 군대를 통솔함.
- 帝國(제국) : 황제가 통치하는 나라.
- 師團(사단) : 군대 편성의 한 단위.
- 席次(석차) : 자리의 차례. 성적 순서.
- 帶同(대동) : 데리고 함께 감.
- 常備(상비) : 늘 준비하여 둠.
- 帳幕(장막) : 천막. 둘러치는 휘장.
- 大幅(대폭) : 차이가 현저함. 큰 폭.
- 幕後(막후) : 막의 뒤. 배후.
- 幣物(폐물) : 선사하는 물건.

		干 방패간 干부 0	干	二 丨		干	干					干 방패간
平	평평할 **평** 干부 2	平	흐 丨		平	平					
年	해 **년** 干부 3	年	스 二 丨		年	年					
幸	다행 **행** 干부 5	幸	工 느 丨		幸	幸					
幹	줄기 **간** 干부 10	幹	訌 个 ㅋ		幹	幹					
幼	어릴 **유** 幺부 2	幼	幺 刀		幼	幼					幺 작을요
幽	그윽할 **유** 幺부 6	幽	丨 幺幺 ⏄		幽	幽					
幾	몇 **기** 幺부 9	幾	幺幺 ㇏ 戈		幾	幾					
床	상 **상** 广부 4	床	六 丁 八		床	床					广 집 엄
序	차례 **서** 广부 4	序	疒 丿		序	序					
庚	별 **경** 广부 5	庚	六 ㅋ 人		庚	庚					
府	관청마을 **부** 广부 5	府	六 彳 丶		府	府					
底	밑 **저** 广부 5	底	六 氏 ⏑		底	底					
店	가게 **점** 广부 5	店	六 丨 口		店	店					
度	법도 **도** 헤아릴 **탁** 广부 6	度	六 二 又		度	度					

- **干渉**(간섭) : 남의 일에 참견함.
- **平等**(평등) : 차별이 없음. 동등함.
- **年老**(연로) : 나이가 많아서 늙음.
- **幸福**(행복) : 만족감을 느끼는 상태.
- **幹部**(간부) : 단체의 수뇌부의 임원.
- **幼年**(유년) : 어린 나이.
- **幽靈**(유령) : 죽은 사람의 혼령.
- **幾個**(기개) : 몇 개.
- **起床**(기상) : 잠자리에서 일어남.
- **序論**(서론) : 머리말이 되는 논설.
- **庚伏**(경복) : 삼복(三伏).
- **政府**(정부) : 통치권을 행사하는 기관.
- **底意**(저의) : 속으로 생각하고 있는 의도.
- **店員**(점원) : 가게에서 일을 보는 고용인.
- **態度**(태도) : 몸을 가지는 모양이나 맵시.

广 집 엄	庫	곳집 **고** 广부 7	庫	广亘丨	庫	庫			
	庭	뜰 **정** 广부 7	庭	广玉廴	庭	庭			
	座	자리 **좌** 广부 7	座	广𠆢丄	座	座			
	康	편안할 **강** 广부 8	康	广小水	康	康			
	庶	여러 **서** 广부 8	庶	广亠灬	庶	庶			
	庸	떳떳할 **용** 广부 8	庸	广彐㇗丨	庸	庸			
	廊	사랑채 **랑** 행랑 **랑** 广부 10	廊	广㡀阝	廊	廊			
	廉	청렴할 **렴** 성 **렴** 广부 10	廉	广彐小丶	廉	廉			
	廣	넓을 **광** 广부 12	廣	广廿田灬	廣	廣			
	廟	사당 **묘** 广부 12	廟	广亩刂二	廟	廟			
	廢	폐할 **폐** 버릴 **폐** 广부 12	廢	广癶殳	廢	廢			
	廳	관청 **청** 广부 22	廳	广厂耳𢨋	廳	廳			
廴 민책받침	延	늘일 **연** 廴부 4	延	丿亻㇄廴	延	延			
	廷	조정 **정** 廴부 4	廷	壬廴	廷	廷			
	建	세울 **건** 廴부 6	建	聿廴	建	建			

- 金庫(금고) : 귀중품을 보관하는 궤.
- 庭園(정원) : 집안에 있는 뜰.
- 座席(좌석) : 앉는 자리.
- 健康(건강) : 튼튼하고 병이 없음.
- 庶務(서무) : 여러 가지 잡다한 사무.
- 庸劣(용렬) : 어리석고 변변치 못함.
- 廊下(낭하) : 행랑. 복도.
- 廉價(염가) : 싼값.
- 廣告(광고) : 신문·방송 등으로 널리 알림.
- 宗廟(종묘) : 제왕들의 위패를 모시는 집.
- 廢物(폐물) : 못쓰게 된 물건.
- 廳舍(청사) : 관청의 집.
- 延期(연기) : 정해놓은 기한을 물림.
- 法廷(법정) : 송사를 심리, 판결하는 곳.
- 建設(건설) : 새로 만들어 세움.

弄	희롱할 **롱** 廾부 4	弄	三	一	丂	弄	弄					
弊	폐단 **폐** 해질 폐 廾부 12	弊	冶	人	门	弊	弊					
式	법 **식** 弋부 3	式	三	心		式	式					
弓	활 **궁** 弓부 0	弓	그	弓		弓	弓					
引	끌 **인** 弓부 1	引	弓	丨		引	引					
弔	조상할 **조** 弓부 1	弔	弓	丨		弔	弔					
弗	아닐 **불** 말 불 弓부 2	弗	弓	川		弗	弗					
弘	클 **홍** 弓부 2	弘	弓	厶	丶	弘	弘					
弟	아우 **제** 弓부 4	弟	当	弓	八	弟	弟					
弦	시위 **현** 弓부 5	弦	弓	一	幺	弦	弦					
弱	약할 **약** 弓부 7	弱	弓	弓	冫	弱	弱					
張	베풀 **장** 弓부 8	張	弓	三	长	張	張					
强	강할 **강** 弓부 9	强	弓	台	虫	强	强					
彈	탄알 **탄** 弓부 12	彈	弓	吅	单	彈	彈					
形	모양 **형** 彡부 4	形	三	开	彡	形	形					

- **弄談**(농담) : 실없이 하는 장난 말.
- **弊社**(폐사) : 자기회사를 낮추어 이르는 말.
- **樣式**(양식) : 일정한 모양과 형식.
- **弓術**(궁술) : 활 쏘는 기술.
- **引導**(인도) : 지도함. 길을 안내함.
- **弔客**(조객) : 조상하러 온 손님.
- **弗素**(불소) : 기체원소의 하나.
- **弘報**(홍보) : 널리 알림.
- **弟子**(제자) : 가르침을 받는 사람.
- **弦矢**(현시) : 활시위와 화살.
- **弱勢**(약세) : 약한 세력.
- **緊張**(긴장) : 마음을 가다듬어 정신을 바짝 차림.
- **强力**(강력) : 힘이 셈.
- **彈力**(탄력) : 용수철처럼 튕기는 힘.
- **形式**(형식) : 겉모양.

彡 터럭삼

彳 두인변

彩	채색 **채** 彡부 8	彩	彡ㅅ彡	彩	彩				
影	그림자 **영** 彡부 12	影	呈景彡	影	影				
役	부릴 **역** 彳부 4	役	彳殳ㅅ	役	役				
往	갈 **왕** 彳부 5	往	彳丶ㄴ	往	往				
征	칠 **정** 彳부 5	征	彳丁正	征	征				
彼	저 **피** 彳부 5	彼	彳ノ殳	彼	彼				
待	기다릴 **대** 彳부 6	待	彳工丁丶	待	待				
律	법칙 **률** 彳부 6	律	彳彐丨	律	律				
後	뒤 **후** 彳부 6	後	彳幺夂	後	後				
徑	길 **경** 彳부 7	徑	彳巠工	徑	徑				
徒	무리 **도** 彳부 7	徒	彳工夂	徒	徒				
徐	천천할 **서** 彳부 7	徐	彳佘ノ小	徐	徐				
得	얻을 **득** 彳부 8	得	彳日寸丶	得	得				
御	거느릴 **어** 彳부 8	御	彳缶卩	御	御				
從	좇을 **종** 彳부 8	從	彳炏人	從	從				

- **彩色**(채색) : 여러 가지 고운 빛깔.
- **影像**(영상) : 광선에 의하여 비치는 형상.
- **使役**(사역) : 남을 부려 시킴.
- **往來**(왕래) : 가고 오고 함.
- **征服**(정복) : 정벌하여 복종시킴.
- **彼我**(피아) : 남과 나. 저편과 이편.
- **待遇**(대우) : 예의를 갖추어 대함.
- **律動**(율동) : 음률적인 운동이나 곡조.
- **後退**(후퇴) : 뒤로 물러남.
- **捷徑**(첩경) : 지름길.
- **徒步**(도보) : 걸어서 감.
- **徐行**(서행) : 느리게 천천히 감.
- **得失**(득실) : 얻음과 잃음.
- **御命**(어명) : 임금의 명령.
- **從事**(종사) : 어떤 일을 일삼아 함.

復	회복할 **복** 다시 **부** 彳부 9	復			復	復					**彳** 두인변
循	돌 **순** 彳부 9	循			循	循					
微	작을 **미** 彳부 10	微			微	微					
徵	부를 **징** 彳부 12	徵			徵	徵					
徹	통할 **철** 彳부 12	徹			徹	徹					
德	큰 **덕** 彳부 12	德			德	德					
忙	바쁠 **망** 忄부 3	忙			忙	忙					**忄** 심방변
快	쾌할 **쾌** 忄부 4	快			快	快					
怪	괴이할 **괴** 忄부 5	怪			怪	怪					
性	성품 **성** 忄부 5	性			性	性					
恨	한할 **한** 忄부 6	恨			恨	恨					
恒	항상 **항** 忄부 6	恒			恒	恒					
悅	기쁠 **열** 忄부 7	悅			悅	悅					
悟	깨달을 **오** 忄부 7	悟			悟	悟					
悔	뉘우칠 **회** 忄부 7	悔			悔	悔					

- **復歸**(복귀) : 본래의 상태로 돌아감.
- **循行**(순행) : 여러 곳을 돌아다님.
- **微細**(미세) : 매우 가늘고 작음.
- **徵收**(징수) : 조세, 돈, 곡식, 물품을 거둠.
- **徹夜**(철야) : 자지 않고 밤을 새움.
- **德望**(덕망) : 덕행으로 얻은 명망.
- **忙中閑**(망중한) : 바쁜 가운데의 한가한 때.
- **快調**(쾌조) : 아주 컨디션이 좋음.
- **怪奇**(괴기) : 괴상하고 기이함.
- **性格**(성격) : 각 사람의 특유한 성질.
- **怨恨**(원한) : 원통하고 한되는 생각.
- **恒常**(항상) : 늘. 언제나.
- **悅樂**(열락) : 기뻐하고 즐거워 함.
- **大悟**(대오) : 크게 깨달음.
- **悔改**(회개) : 잘못을 뉘우치고 고침.

忄 심방변

惜	아낄 **석** 忄부 8	惜			惜	惜				
惟	생각할 **유** 忄부 8	惟			惟	惟				
情	뜻 **정** 忄부 8	情			情	情				
悽	슬퍼할 **처** 忄부 8	悽			悽	悽				
惱	번뇌할**뇌** 괴로워할**뇌** 忄부 9	惱			惱	惱				
愧	부끄러워할**괴** 忄부 10	愧			愧	愧				
愼	삼갈 **신** 忄부 10	愼			愼	愼				
慨	슬퍼할 **개** 忄부 11	慨			慨	慨				
慣	익숙할 **관** 忄부 11	慣			慣	慣				
慢	거만할 **만** 忄부 11	慢			慢	慢				
慘	참혹할 **참** 忄부 11	慘			慘	慘				
憐	불쌍히여길**련** 忄부 12	憐			憐	憐				
憫	민망할 **민** 忄부 12	憫			憫	憫				
憤	분할 **분** 忄부 12	憤			憤	憤				
憎	미울 **증** 忄부 12	憎			憎	憎				

- 惜敗(석패) : 아깝게 짐.
- 惟獨(유독) : 많은 가운데 홀로.
- 情感(정감) : 정조와 감흥.
- 悽慘(처참) : 슬프고 참혹함.
- 苦惱(고뇌) : 괴로워하고 번뇌함. 고민.

- 愧恥(괴치) : 부끄러워 함.
- 愼重(신중) : 매우 조심스러움.
- 憤慨(분개) : 격분하여 개탄함.
- 慣行(관행) : 전부터 관례가 되어 자주 행함.
- 倨慢(거만) : 겸손하지 않고 뽐냄.

- 慘狀(참상) : 참혹한 양상.
- 憐憫(연민) : 불쌍하고 가련함.
- 憫惘(민망) : 답답하고 딱하여 안타까움.
- 憤怒(분노) : 분하여 성냄.
- 憎惡(증오) : 몹시 미워함.

憶	생각할 **억** 忄부 13	憶	忄立恴	憶	憶				
懷	품을 **회** 忄부 16	懷	忄亠亠	懷	懷				
懼	두려워할 **구** 忄부 18	懼	忄罒隹	懼	懼				
才	재주 **재** 扌부 0	才	一丿	才	才				
打	칠 **타** 扌부 2	打	一小丁	打	打				
托	맡길 **탁** 扌부 3	托	丁一乚	托	托				
技	재주 **기** 扌부 4	技	丁一丆又	技	技				
扶	도울 **부** 扌부 4	扶	丁一二人	扶	扶				
批	비평할 **비** 扌부 4	批	丁一丄乚	批	批				
抑	누를 **억** 扌부 4	抑	丁一乛	抑	抑				
折	꺾을 **절** 扌부 4	折	丁一彳	折	折				
抄	뽑을 **초** 扌부 4	抄	丁一小丿	抄	抄				
投	던질 **투** 扌부 4	投	丁一几又	投	投				
抗	겨룰 **항** 扌부 4	抗	丁一亠几	抗	抗				
拒	막을 **거** 扌부 5	拒	丁一丨彐	拒	拒				

忄 심방변

扌 재방변

- **追憶**(추억): 지난 일을 돌이켜 생각함.
- **懷抱**(회포): 마음 속에 품은 생각.
- **悚懼**(송구): 마음에 두렵고 거북함.
- **才能**(재능): 재주와 능력.
- **打診**(타진): 남의 의사를 떠봄.
- **托生**(탁생): 남에게 의탁하여 살아감.
- **技能**(기능): 기술상의 재능.
- **扶助**(부조): 남을 붙들어 도와줌.
- **批判**(비판): 비평. 판단함.
- **抑壓**(억압): 힘으로 억누름.
- **夭折**(요절): 나이 젊어서 죽음.
- **抄錄**(초록): 소용될 만한 것만 뽑아서 적음.
- **投資**(투자): 사업에 밑천을 댐.
- **對抗**(대항): 서로 맞서서 버티어 겨룸.
- **拒絶**(거절): 응낙하지 않고 물리침.

才
재방변

拘	잡을 **구** 扌부 5	拘			拘	拘				
拍	칠 **박** 扌부 5	拍			拍	拍				
拔	뽑을 **발** 扌부 5	拔			拔	拔				
拂	떨칠 **불** 扌부 5	拂			拂	拂				
抵	대항할 **저** 扌부 5	抵			抵	抵				
拙	졸할 **졸** 扌부 5	拙			拙	拙				
拓	넓힐 **척** 박을 **탁** 扌부 5	拓			拓	拓				
招	부를 **초** 扌부 5	招			招	招				
抽	뽑을 **추** 扌부 5	抽			抽	抽				
抱	안을 **포** 扌부 5	抱			抱	抱				
挑	돋울 **도** 扌부 6	挑			挑	挑				
拾	주을 **습** 열 **십** 扌부 6	拾			拾	拾				
持	가질 **지** 扌부 6	持			持	持				
指	가리킬 **지** 扌부 6	指			指	指				
振	떨칠 **진** 扌부 7	振			振	振				

· 拘引(구인) : 잡아끌고 감.
· 拍手(박수) : 손뼉을 침.
· 拔群(발군) : 여럿 속에 뛰어남.
· 支拂(지불) : 값을 내어 돈을 치러 줌.
· 抵觸(저촉) : 법률 등에 위반되거나 거슬림.
· 拙速(졸속) : 서투르지만 빠름.
· 干拓地(간척지) : 간척하여 이룬 땅.
· 招來(초래) : 어떤 결과를 가져옴.
· 抽出(추출) : 빼냄. 뽑아 냄.
· 抱擁(포옹) : 품에 껴안음.
· 挑發(도발) : 집적거려 일을 일으킴.
· 拾得(습득) : 주워서 얻음.
· 持參(지참) : 무엇을 가지고 가서 참석함.
· 指定(지정) : 이것이라고 가리켜 정함.
· 振動(진동) : 흔들려 움직임.

才
재방변

捉	잡을 **착** 扌부 7	捉		捉	捉			
捕	잡을 **포** 扌부 7	捕		捕	捕			
掛	걸 **괘** 扌부 8	掛		掛	掛			
掠	노략질힐 **략** 扌부 8	掠		掠	掠			
排	밀칠 **배** 扌부 8	排		排	排			
捨	버릴 **사** 扌부 8	捨		捨	捨			
掃	쓸 **소** 扌부 8	掃		掃	掃			
授	줄 **수** 扌부 8	授		授	授			
接	이을 **접** 扌부 8	接		接	接			
採	캘 **채** 扌부 8	採		採	採			
推	밀 **추** 扌부 8	推		推	推			
探	찾을 **탐** 扌부 8	探		探	探			
揚	날릴 **양** 扌부 9	揚		揚	揚			
援	도울 **원** 扌부 9	援		援	援			
提	끌 **제** 들 **제** 扌부 9	提		提	提			

- 捉來(착래) : 잡아 옴.
- 捕虜(포로) : 전투에서 적에게 사로잡힌 병사.
- 掛圖(괘도) : 벽에 걸게 된 그림이나 지도.
- 掠奪(약탈) : 폭력을 써서 빼앗음.
- 排除(배제) : 물리쳐서 제거함.
- 喜捨(희사) : 마음에 즐기어서 재물을 냄.
- 掃蕩(소탕) : 휩쓸어 죄다 없애 버림.
- 授受(수수) : 주고받고 함.
- 接境(접경) : 경계가 서로 접함.
- 採集(채집) : 찾아서 모음.
- 推進(추진) : 밀고 나아감.
- 探索(탐색) : 살피어 찾음.
- 浮揚(부양) : 띄워 올림. 떠올림.
- 援助(원조) : 도와줌.
- 提高(제고) : 쳐들어 높임.

부수		훈·음									
才 재방변	換	바꿀 **환** 扌부 9	換	丁兑交	換	換					
	揮	휘두를 **휘** 扌부 9	揮	十冒	揮	揮					
	損	덜 **손** 扌부 10	損	丁呂貝	損	損					
	搖	흔들 **요** 扌부 10	搖	丁爫缶	搖	搖					
	携	이끌 **휴** 扌부 10	携	丁隹乃	携	携					
	摘	딸 **적** 扌부 11	摘	丁商舌	摘	摘					
	播	뿌릴 **파** 扌부 12	播	小釆田	播	播					
	據	근거 **거** 扌부 13	據	扌虍豕	據	據					
	擔	멜 **담** 扌부 13	擔	丁产言	擔	擔					
	操	잡을 **조** 扌부 13	操	丁品木	操	操					
	擇	가릴 **택** 扌부 13	擇	扌罒幸	擇	擇					
	擴	넓힐 **확** 扌부 15	擴	丁广黃	擴	擴					
氵 삼수변	江	강 **강** 氵부 3	江	氵工	江	江					
	汎	넓을 **범** 氵부 3	汎	氵凡	汎	汎					
	汝	너 **여** 氵부 3	汝	氵女	汝	汝					

- 交換(교환): 이것과 저것을 서로 바꿈.
- 揮毫(휘호): 붓을 휘둘러 글씨를 씀.
- 損失(손실): 잃거나 축이 나서 손해를 봄.
- 搖動(요동): 흔들어 움직임.
- 携帶(휴대): 손에 들거나 몸에 지님.
- 摘發(적발): 숨겨진 사물을 들추어 냄.
- 播多(파다): 소문 등이 널리 퍼져 있음.
- 據點(거점): 전투 등의 활동 근거지가 되는 지점.
- 擔當(담당): 어떤 일을 넘겨 맡음.
- 操業(조업): 작업을 실시함.
- 選擇(선택): 골라 가림.
- 擴散(확산): 흩어져 번짐.
- 江邊(강변): 강가.
- 汎溢(범일): 물이 넘쳐 흐름.
- 汝等(여등): 너희들.

汚	더러울 **오** 氵부 3	汚	氵丂勺	汚	汚					
池	못 **지** 氵부 3	池	氵丁ル	池	池					
汗	땀 **한** 氵부 3	汗	氵干丨	汗	汗					
決	결단할 **결** 氵부 4	決	氵冮人	決	決					
沐	머리감을 **목** 氵부 4	沐	氵才八	沐	沐					
沒	빠질 **몰** 氵부 4	沒	氵㳇へ	沒	沒					
沙	모래 **사** 氵부 4	沙	氵小丿	沙	沙					
沈	잠길 **침** 성 **심** 氵부 4	沈	氵冖九	沈	沈					
泥	진흙 **니** 氵부 5	泥	氵尸ノ匕	泥	泥					
泊	배댈 **박** 머무를 **박** 氵부 5	泊	氵亻冂二	泊	泊					
法	법 **법** 氵부 5	法	氵冮厶	法	法					
沿	물따라갈 **연** 따를 **연** 氵부 5	沿	氵㕣口	沿	沿					
泳	헤엄칠 **영** 氵부 5	泳	氵汀乀	泳	泳					
油	기름 **유** 氵부 5	油	氵冂二丄	油	油					
泣	울 **읍** 氵부 5	泣	氵二亠	泣	泣					

氵 삼수변

- 汚物(오물) : 지저분하고 더러운 물건.
- 天池(천지) : 백두산 정상에 있는 큰 못.
- 發汗(발한) : 병을 다스리기 위하여 땀을 냄.
- 決心(결심) : 마음을 굳게 정함.
- 沐浴(목욕) : 머리를 감으며 몸을 씻는 일.
- 沒落(몰락) : 멸망하여 없어짐.
- 沙漠(사막) : 크고 넓은 불모의 모래 벌판.
- 沈默(침묵) : 아무런 말을 하지 않음.
- 雲泥之差(운니지차) : 구름과 진흙의 차.
- 外泊(외박) : 일정한 숙소 이외의 곳에서 잠.
- 適法(적법) : 법규에 맞음.
- 沿岸(연안) : 강, 바다, 호수에 연한 물가.
- 水泳(수영) : 헤엄.
- 油田(유전) : 석유가 나오는 지역.
- 泣訴(읍소) : 눈물을 흘리며 간절히 하소연함.

삼수변 氵

注	부을 **주** 氵부 5	注		注	注			
治	다스릴 **치** 氵부 5	治		治	治			
波	물결 **파** 氵부 5	波		波	波			
河	물 **하** 氵부 5	河		河	河			
況	상황 **황** 氵부 5	況		況	況			
洞	골 **동** 통할 **통** 氵부 6	洞		洞	洞			
洛	물이름 **락** 氵부 6	洛		洛	洛			
流	흐를 **류** 氵부 6	流		流	流			
洗	씻을 **세** 氵부 6	洗		洗	洗			
洋	큰바다 **양** 氵부 6	洋		洋	洋			
洲	물가 **주** 氵부 6	洲		洲	洲			
派	갈래 **파** 氵부 6	派		派	派			
洪	넓을 **홍** 氵부 6	洪		洪	洪			
活	살 **활** 氵부 6	活		活	活			
浪	물결 **랑** 氵부 7	浪		浪	浪			

- **注意**(주의) : 마음에 새겨 두어 조심함.
- **治療**(치료) : 병이나 상처를 다스려서 낫게 함.
- **餘波**(여파) : 주위나 후세에 끼치는 영향.
- **河川**(하천) : 시내와 강.
- **狀況**(상황) : 일이 되어 가는 형편이나 모양.
- **洞窟**(동굴) : 깊고 넓은 굴.
- **洛東江**(낙동강) : 우리나라 5대 강의 하나.
- **流布**(유포) : 널리 퍼짐. 널리 퍼뜨림.
- **洗濯**(세탁) : 빨래.
- **洋服**(양복) : 서양식의 의복.
- **亞洲**(아주) : 아세아주.
- **派遣**(파견) : 임무를 띠워 사람을 보냄.
- **洪水**(홍수) : 큰 물.
- **活動**(활동) : 기운차게 움직임.
- **浪費**(낭비) : 재물, 시간 따위를 헛되이 씀.

ℐ 삼수변

浮	뜰 **부** 氵부 7	浮			浮	浮				
涉	건널 **섭** 氵부 7	涉			涉	涉				
消	사라질 **소** 氵부 7	消			消	消				
浴	목욕할 **욕** 氵부 7	浴			浴	浴				
浸	잠길 **침** 氵부 7	浸			浸	浸				
浦	개 **포** 氵부 7	浦			浦	浦				
海	바다 **해** 氵부 7	海			海	海				
浩	넓을 **호** 氵부 7	浩			浩	浩				
淡	맑을 **담** 氵부 8	淡			淡	淡				
涙	눈물 **루** 氵부 8	涙			涙	涙				
淑	맑을 **숙** 氵부 8	淑			淑	淑				
深	깊을 **심** 氵부 8	深			深	深				
涯	물가 **애** 氵부 8	涯			涯	涯				
淫	음란할 **음** 氵부 8	淫			淫	淫				
淨	깨끗할 **정** 氵부 8	淨			淨	淨				

- 浮刻(부각) : 사물의 특징을 두드러지게 나타냄.
- 干涉(간섭) : 남의 일에 참견함.
- 消息(소식) : 안부나 어떤 사실에 대한 기별.
- 森林浴(삼림욕) : 숲 속에서 숲의 공기를 쐬는 일.
- 浸水(침수) : 물에 젖거나 잠김.
- 浦口(포구) : 배가 드나드는 개의 어귀.
- 海岸(해안) : 바닷가의 언덕.
- 浩蕩(호탕) : 아주 넓어서 끝이 없음.
- 淡白(담백) : 욕심이 없음. 맛이 산뜻함.
- 落涙(낙루) : 눈물을 떨어뜨림.
- 窈窕淑女(요조숙녀) : 품위 있고 정숙한 여자.
- 深刻(심각) : 아주 중대하고 절실함.
- 生涯(생애) : 살아 있는 동안.
- 淫蕩(음탕) : 주색에 빠져 방탕함.
- 淨潔(정결) : 맑고 깨끗함.

氵 삼수변

淺	얕을 천 氵부 8	淺			
添	더할 첨 氵부 8	添			
淸	맑을 청 氵부 8	淸			
混	섞을 혼 氵부 8	混			
渴	목마를 갈 氵부 9	渴			
減	덜 감 氵부 9	減			
渡	건널 도 氵부 9	渡			
測	헤아릴 측 氵부 9	測			
湯	끓일 탕 氵부 9	湯			
港	항구 항 氵부 9	港			
湖	호수 호 氵부 9	湖			
溪	시내 계 氵부 10	溪			
滅	멸할 멸 꺼질 멸 氵부 10	滅			
溫	따뜻할 온 氵부 10	溫			
源	근원 원 氵부 10	源			

- 淺薄(천박): 학문이나 생각이 얕음.
- 添加(첨가): 덧붙임. 더 넣음.
- 淸廉(청렴): 성품이 고결하고 탐욕이 없음.
- 混雜(혼잡): 한데 뒤섞여 분잡함. 혼란.
- 渴望(갈망): 간절히 바람.
- 減免(감면): 경감과 면제.
- 賣渡(매도): 물건을 팔아 넘김.
- 推測(추측): 미루어 헤아림.
- 溫湯(온탕): 적당한 온도의 탕.
- 港口(항구): 바닷가에 배를 대게 설비한 곳.
- 湖水(호수): 사면이 육지로 싸이고 물이 괸 곳.
- 溪谷(계곡): 물이 흐르는 골짜기.
- 破滅(파멸): 파괴하고 멸망함.
- 溫度(온도): 덥고 찬 정도.
- 根源(근원): 사물이 생겨나는 본 바탕.

氵
삼수변

準	준할 **준** 氵부 10	準		準	準				
滄	큰바다 **창** 氵부 10	滄		滄	滄				
漏	샐 **루** 氵부 11	漏		漏	漏				
漠	넓을 **막** 氵부 11	漠		漠	漠				
滿	찰 **만** 氵부 11	滿		滿	滿				
漫	흩어질 **만** 氵부 11	漫		漫	漫				
漁	고기잡을 **어** 氵부 11	漁		漁	漁				
演	펼 **연** 氵부 11	演		演	演				
滴	물방울 **적** 氵부 11	滴		滴	滴				
漸	점점 **점** 氵부 11	漸		漸	漸				
漆	옻 **칠** 氵부 11	漆		漆	漆				
漂	떠다닐 **표** 氵부 11	漂		漂	漂				
漢	한강 **한** 氵부 11	漢		漢	漢				
潔	깨끗할 **결** 氵부 12	潔		潔	潔				
潭	못 **담** 氵부 12	潭		潭	潭				

- 準備(준비) : 미리 마련하여 갖춤.
- 滄茫(창망) : 넓고 멀어서 아득함.
- 漏落(누락) : 마땅히 기록되어야 할 것이 빠짐.
- 漠漠(막막) : 너르고 멀어서 아득함.
- 滿足(만족) : 마음에 흡족함.
- 漫評(만평) : 만화로써 비평함.
- 漁具(어구) : 고기잡이에 쓰는 도구.
- 演習(연습) : 학문, 기예 등을 연마하여 익힘.
- 硯滴(연적) : 벼룻물을 담는 그릇.
- 漸增(점증) : 점점 증가함.
- 漆黑(칠흑) : 칠처럼 검고 광택이 있음.
- 漂流(표류) : 물에 떠서 흘러감.
- 怪漢(괴한) : 차림새나 거동이 괴상한 사람.
- 潔白(결백) : 깨끗하고 흼.
- 潭水(담수) : 깊은 못이나 늪의 물.

삼수변 氵

潤	불을 **윤** 氵부 12	潤		潤	潤			
潛	잠길 **잠** 氵부 12	潛		潛	潛			
潮	조수 **조** 氵부 12	潮		潮	潮			
激	과격할 **격** 격할 **격** 氵부 13	激		激	激			
濃	짙을 **농** 氵부 13	濃		濃	濃			
濁	흐릴 **탁** 氵부 13	濁		濁	濁			
澤	못 **택** 氵부 13	澤		澤	澤			
濫	넘칠 **람** 氵부 14	濫		濫	濫			
濕	젖을 **습** 氵부 14	濕		濕	濕			
濟	건널 **제** 氵부 14	濟		濟	濟			
濯	씻을 **탁** 氵부 14	濯		濯	濯			
犯	범할 **범** 犭부 2	犯		犯	犯			
狗	개 **구** 犭부 5	狗		狗	狗			
猛	사나울 **맹** 犭부 8	猛		猛	猛			
猶	오히려 **유** 犭부 9	猶		猶	猶			

개사슴록변 犭

- 潤氣(윤기): 윤택한 기운.
- 潛跡(잠적): 종적을 아주 감춤.
- 退潮(퇴조): 왕성하던 세력이 쇠퇴함.
- 激烈(격렬): 몹시 맹렬함.
- 濃淡(농담): 짙음과 옅음.
- 濁流(탁류): 흘러가는 흐린 물.
- 惠澤(혜택): 은혜와 덕택.
- 濫用(남용): 함부로 씀.
- 濕氣(습기): 축축한 기운.
- 救濟(구제): 구하여 건짐.
- 洗濯(세탁): 빨래를 함.
- 犯人(범인): 죄를 범한 사람.
- 走狗(주구): 남의 앞잡이.
- 猛攻(맹공): 맹렬히 공격함.
- 猶豫(유예): 시일을 미루거나 늦춤.

獨	홀로 **독** 犭부 13	獨		獨	獨	
獲	얻을 **획** 犭부 14	獲		獲	獲	
防	막을 **방** 阝부 4	防		防	防	
附	붙을 **부** 阝부 5	附		附	附	
阿	언덕 **아** 阝부 5	阿		阿	阿	
限	한할 **한** 阝부 6	限		限	限	
降	내릴 **강** 항복할 **항** 阝부 6	降		降	降	
院	집 **원** 阝부 7	院		院	院	
除	덜 **제** 阝부 7	除		除	除	
陣	진칠 **진** 阝부 7	陣		陣	陣	
陶	질그릇 **도** 阝부 8	陶		陶	陶	
陸	뭍 **륙** 阝부 8	陸		陸	陸	
陵	언덕 **릉** 阝부 8	陵		陵	陵	
陰	그늘 **음** 阝부 8	陰		陰	陰	
陳	베풀 **진** 묵을 **진** 阝부 8	陳		陳	陳	

犭 개사슴록변

阝 좌부변

- 獨占(독점): 독차지.
- 獲得(획득): 손에 넣음.
- 防空(방공): 적의 항공기 공격에 대한 방어.
- 附言(부언): 덧붙이어 말함.
- 阿諂(아첨): 남의 환심을 사기 위해 알랑거림.
- 限界(한계): 사물의 정하여 놓은 범위.
- 降等(강등): 계급이나 등급 등이 내림.
- 院長(원장): 병원 따위의 우두머리.
- 除去(제거): 덜어 없앰.
- 敵陣(적진): 적의 진지.
- 陶工(도공): 옹기장이.
- 上陸(상륙): 배에서 육지로 오름.
- 王陵(왕릉): 임금의 무덤.
- 陰地(음지): 응달. 볕이 잘 들지 않는 곳.
- 開陳(개진): 의견을 진술함.

阝좌부변

陷	빠질 **함** 阝부 8	陷		陷	陷				
階	섬돌 **계** 阝부 9	階		階	階				
隊	무리 **대** 阝부 9	隊		隊	隊				
隆	높을 **륭** 阝부 9	隆		隆	隆				
陽	별 **양** 阝부 9	陽		陽	陽				
障	막을 **장** 阝부 11	障		障	障				
際	즈음 **제** 阝부 11	際		際	際				
隣	이웃 **린** 阝부 12	隣		隣	隣				
隨	따를 **수** 阝부 13	隨		隨	隨				
險	험할 **험** 阝부 13	險		險	險				
隱	숨을 **은** 阝부 14	隱		隱	隱				

阝우부방

那	어찌 **나** 阝부 4	那		那	那				
邦	나라 **방** 阝부 4	邦		邦	邦				
邪	간사할 **사** 阝부 4	邪		邪	邪				
郊	들 **교** 阝부 6	郊		郊	郊				

- 缺陷(결함) : 흠이 있어서 완전하지 못함.
- 階層(계층) : 층계. 사회를 형성하는 여러 층.
- 隊列(대열) : 대를 지어 늘어선 행렬.
- 隆起(융기) : 평면보다 높게 불룩 일어남.
- 陽地(양지) : 볕이 바로 드는 곳.
- 障礙(장애) : 막아서 거치적거림.
- 實際(실제) : 실지의 경우나 형편.
- 隣近(인근) : 거리상 가까운 이웃.
- 隨時(수시) : 때때로. 때에 따라.
- 險難(험난) : 위태로움.
- 隱居(은거) : 세상을 피해 숨어 삶.
- 刹那(찰나) : 아주 짧은 동안. 순간.
- 萬邦(만방) : 모든 나라.
- 邪慾(사욕) : 못된 욕심. 부정한 욕망.
- 郊外(교외) : 도시 주위의 들.

郡	고을 **군** 阝부 7	郡	근심31	郡	郡				
郎	사내 **랑** 阝부 7	郎	근닞31	郎	郎				
郭	둘레 **곽** 阝부 8	郭	효ㅎ31	郭	郭				
部	떼 **부** 阝부 8	部	효ㅁ31	部	部				
郵	우편 **우** 阝부 8	郵	슈=131	郵	郵				
都	도읍 **도** 阝부 9	都	工쇼31	都	都				
鄉	시골 **향** 阝부 9	鄉	彡鸟31	鄉	鄉				
心	마음 **심** 心부 0	心	心〃	心	心				
必	반드시 **필** 心부 1	必	ノ乚ヽ	必	必				
忌	꺼릴 **기** 心부 3	忌	己心丶	忌	忌				
忘	잊을 **망** 心부 3	忘	亠心丶	忘	忘				
忍	참을 **인** 心부 3	忍	刃心丶	忍	忍				
志	뜻 **지** 心부 3	志	工心丶	志	志				
念	생각할 **념** 心부 4	念	八亐心	念	念				
忠	충성 **충** 心부 4	忠	口心丶	忠	忠				

阝 우부변

心 마음심

- **郡守**(군수) : 한 군의 우두머리.
- **壻郎**(서랑) : 사위.
- **城郭**(성곽) : 내성과 외성을 통틀어 이르는 말.
- **部隊**(부대) : 한 단위의 군대.
- **郵票**(우표) : 우편물에 붙이는 증표.
- **首都**(수도) : 나라나 한 지방의 중심지. 서울.
- **故鄉**(고향) : 자기가 태어나서 자란 고장.
- **心境**(심경) : 마음의 상태. 마음가짐.
- **必勝**(필승) : 반드시 이김.
- **忌避**(기피) : 꺼리어 피함.
- **健忘症**(건망증) : 잘 잊어버리는 병증.
- **忍耐**(인내) : 참고 견딤.
- **意志**(의지) : 일을 완수하려는 마음의 작용.
- **念慮**(염려) : 마음을 놓지 못해 걱정하는 마음.
- **忠誠**(충성) : 참 마음에서 우러나오는 정성.

心 마음심

忽	갑자기 홀 心부 4	忽	勿	心	忽	忽				
急	급할 급 心부 5	急	刍	心	急	急				
怒	성낼 노 心부 5	怒	奴	心	怒	怒				
思	생각 사 心부 5	思	田	心	思	思				
怨	원망할 원 心부 5	怨	夗	心	怨	怨				
怠	게으를 태 心부 5	怠	台	心	怠	怠				
恐	두려울 공 心부 6	恐	巩	心	恐	恐				
恭	공손할 공 心부 6	恭	共	小	恭	恭				
恕	용서할 서 心부 6	恕	如	心	恕	恕				
息	쉴 식 心부 6	息	自	心	息	息				
恩	은혜 은 心부 6	恩	因	心	恩	恩				
恣	방자할 지 마음대로 지 心부 6	恣	次	心	恣	恣				
恥	부끄러울 치 心부 6	恥	耳	心	恥	恥				
悠	멀 유 心부 7	悠	攸	心	悠	悠				
患	근심 환 心부 7	患	串	心	患	患				

- 忽然(홀연): 문득. 갑자기.
- 急變(급변): 갑자기 달라짐.
- 憤怒(분노): 분해 성냄.
- 思慕(사모): 그리워함.
- 怨望(원망): 마음에 불평을 품고 미워함.
- 懶怠(나태): 느리고 게으름.
- 恐怖(공포): 두려움과 무서움.
- 恭敬(공경): 삼가고 존경함.
- 容恕(용서): 잘못이나 죄를 꾸짖거나 벌하지 않음.
- 休息(휴식): 하던 일을 멈추고 쉼.
- 恩惠(은혜): 베풀어주는 고마운 혜택.
- 放恣(방자): 삼가지 않고 제멋대로 굶.
- 恥辱(치욕): 부끄럽고 욕됨.
- 悠久(유구): 연대가 아득히 멂.
- 患者(환자): 병을 앓는 사람.

心
마음심

悲	슬플 **비**	心부 8
惡	악할 **악** 미워할 **오**	心부 8
惠	은혜 **혜**	心부 8
惑	미혹할 **혹**	心부 8
感	느낄 **감**	心부 9
想	생각 **상**	心부 9
愁	근심 **수**	心부 9
愛	사랑 **애**	心부 9
愚	어리석을 **우**	心부 9
愈	나을 **유**	心부 9
意	뜻 **의**	心부 9
慈	사랑할 **자**	心부 9
態	모습 **태**	心부 10
慶	경사 **경**	心부 11
慮	생각할 **려**	心부 11

• 悲觀(비관): 사물을 슬프게만 봄.
• 惡用(악용): 잘못 씀. 또 나쁜 일에 씀.
• 惠澤(혜택): 은혜와 덕택.
• 疑惑(의혹): 의심하여 수상히 여김.
• 感懷(감회): 마음에 느낀 생각과 회포.

• 着想(착상): 일의 실마리가 될만한 생각.
• 愁心(수심): 근심스러운 마음.
• 博愛(박애): 모든 사람을 평등하게 사랑함.
• 愚弄(우롱): 남을 업신여겨서 놀림.
• 快愈(쾌유): 병이 개운하게 다 나음.

• 意慾(의욕): 하고 싶어하는 마음.
• 仁慈(인자): 어질고 인정이 많음.
• 態度(태도): 몸가짐 모양.
• 慶事(경사): 축하할 만한 기쁜 일.
• 憂慮(우려): 근심과 걱정. 염려.

부수		한자	음훈	필순			쓰기	쓰기				
心 마음심	慕	그릴 **모** 心부 11	慕				慕	慕				
	慾	욕심 **욕** 心부 11	慾				慾	慾				
	憂	근심 **우** 心부 11	憂				憂	憂				
	慰	위로할 **위** 心부 11	慰				慰	慰				
	慙	부끄러워할 **참** 忄부 11	慙				慙	慙				
	慧	슬기로울 **혜** 心부 11	慧				慧	慧				
	憩	쉴 **게** 心부 12	憩				憩	憩				
	憲	법 **헌** 心부 12	憲				憲	憲				
	懇	간절할 **간** 心부 13	懇				懇	懇				
	應	응할 **응** 心부 13	應				應	應				
	懲	징계할 **징** 心부 15	懲				懲	懲				
	懸	달 **현** 心부 16	懸				懸	懸				
	戀	그리워할 **련** 그릴 **련** 心부 19	戀				戀	戀				
戈 창과	戈	창 **과** 戈부 0	戈				戈	戈				
	戊	천간 **무** 戈부 1	戊				戊	戊				

- **欽慕**(흠모) : 공경하고 사모함.
- **慾心**(욕심) : 하고자 하거나 가지고자 하는 마음.
- **杞憂**(기우) : 쓸데없는 군걱정.
- **慰問**(위문) : 위로하기 위하여 문안함.
- **慙愧**(참괴) : 부끄럽게 여김.
- **慧眼**(혜안) : 진리를 식별하는 총명한 눈.
- **休憩室**(휴게실) : 머물러 쉬도록 설비한 공간.
- **違憲**(위헌) : 헌법에 위배됨.
- **懇曲**(간곡) : 간절하고 곡진함.
- **不應**(불응) : 응하지 않음.
- **懲役**(징역) : 죄에 대한 응징으로 받는 옥살이.
- **懸隔**(현격) : 동떨어지게 차이가 큼.
- **戀愛**(연애) : 남녀가 서로 그리워함.
- **戈甲**(과갑) : 창과 갑옷.
- **戊夜**(무야) : 오전 3시부터 5시 사이.

戌	개 **술** 戈부 2	戌						戈 창 과
戒	경계할 **계** 戈부 3	戒						
成	이룰 **성** 戈부 3	成						
我	나 **아** 戈부 3	我						
或	혹 **혹** 戈부 4	或						
戚	친척 **척** 戈부 7	戚						
戰	싸움 **전** 戈부 12	戰						
戲	놀이 **희** 戈부 12	戲						
戶	집 **호** 戶부 0	戶						戶 집 호
房	방 **방** 戶부 4	房						
所	바 **소** 戶부 4	所						
手	손 **수** 手부 0	手						手 손 수
承	이을 **승** 手부 4	承						
拜	절 **배** 手부 5	拜						
拳	주먹 **권** 手부 6	拳						

・戌時(술시): 오후 7시부터 9시까지의 동안.
・訓戒(훈계): 타일러서 경계함.
・成功(성공): 목적을 이룸..
・自我(자아): 자기자신.
・或是(혹시): 만일에. 행여나.

・姻戚(인척): 외가와 처가의 혈족.
・戰爭(전쟁): 나라간의 싸움.
・遊戲(유희): 장난으로 즐겁게 놂.
・戶主(호쥬): 한 집안의 주인이 되는 사람.
・空房(공방): 남편 없이 혼자 있는 방.

・所有(소유): 자기 것으로 가짐.
・名手(명슈): 어떤 일에 훌륭한 솜씨가 있는 사람.
・承諾(승낙): 승인하여 허락함.
・拜謁(배알): 삼가 만나 뵘.
・拳銃(권총): 피스톨.

手 손 수	掌	손바닥 장 手부 8	掌			掌	掌			
	擊	칠 격 手부 13	擊			擊	擊			
	擧	들 거 手부 14	擧			擧	擧			
支 지탱할지	支	지탱할 지 支부 0	支			支	支			
攵 등글월문	收	거둘 수 攵부 2	收			收	收			
	改	고칠 개 攵부 3	改			改	改			
	攻	칠 공 攵부 3	攻			攻	攻			
	放	놓을 방 攵부 4	放			放	放			
	故	연고 고 攵부 5	故			故	故			
	政	정사 정 攵부 5	政			政	政			
	效	본받을 효 攵부 6	效			效	效			
	教	가르칠 교 攵부 7	教			教	教			
	救	구원할 구 攵부 7	救			救	救			
	敏	민첩할 민 攵부 7	敏			敏	敏			
	敗	패할 패 攵부 7	敗			敗	敗			

- 掌握(장악): 손에 넣음.
- 擊破(격파): 쳐서 부숨.
- 列擧(열거): 하나씩 들어 말함.
- 支拂(지불): 돈을 치러 줌.
- 收入(수입): 돈 따위가 들어오는 일.
- 改善(개선): 잘못을 고쳐 좋게 함.
- 攻勢(공세): 공격하는 태세나 그 세력.
- 追放(추방): 쫓아냄.
- 故意(고의): 일부러 하려는 뜻.
- 政黨(정당): 정치상의 당파.
- 效果(효과): 좋은 결과.
- 教授(교수): 대학에서 학문을 가르치는 사람.
- 救急(구급): 위급한 것을 구원함.
- 敏感(민감): 감각이 예민함.
- 敗北(패배): 싸움에서 짐.

敢	감히 구태여 **감** 감 攵부 8	敢			敢	敢					攵 등글월문
敦	도타울 **돈** 攵부 8	敦			敦	敦					
散	흩을 **산** 攵부 8	散			散	散					
敬	공경 **경** 攵부 9	敬			敬	敬					
數	셈 **수** 攵부 11	數			數	數					
敵	대적할 **적** 攵부 11	敵			敵	敵					
整	가지런할 **정** 攵부 12	整			整	整					
文	글월 **문** 文부 0	文			文	文					文 글월문
斗	말 **두** 斗부 0	斗			斗	斗					斗 말 두
料	헤아릴 **료** 斗부 6	料			料	料					
斜	비낄 **사** 斗부 7	斜			斜	斜					
斤	근 **근** 斤부 0	斤			斤	斤					斤 근 근
斥	물리칠 **척** 斤부 1	斥			斥	斥					
斯	이 **사** 斤부 8	斯			斯	斯					
新	새 **신** 斤부 9	新			新	新					

- **敢鬪**(감투) : 필승의 각오로 잘 싸움.
- **敦篤**(돈독) : 인정이 도타움.
- **散漫**(산만) : 흩어져 어수선함.
- **恭敬**(공경) : 공손히 섬김.
- **數次**(수차) : 두 서너 차례. 몇 차례.
- **敵國**(적국) : 적대 관계에 있는 나라.
- **整頓**(정돈) : 가지런히 바로잡음.
- **文盲**(문맹) : 글자를 읽지 못하는 사람.
- **斗酒不辭**(두주불사) : 말술도 사양하지 않음.
- **料金**(요금) : 대가로 치르는 돈.
- **傾斜**(경사) : 비스듬히 기울어짐.
- **斤數**(근수) : 근 단위의 저울 무게.
- **排斥**(배척) : 물리쳐 내뜨림.
- **斯界**(사계) : 그 사회. 그 전문 방면.
- **新規**(신규) : 새로운 규정이나 규모.

斤 근 근	斷	끊을 **단** 斤부 14	斷	絲 斤	斷	斷		
方 모 방	方	모 **방** 方부 0	方	一 勹 丿	方	方		
	於	어조사 **어** 탄식할 **오** 方부 4	於	方 人 冫	於	於		
	施	베풀 **시** 方부 5	施	方 仁 乚	施	施		
	旅	나그네 **려** 方부 6	旅	方 仁 人	旅	旅		
	旋	돌 **선** 方부 7	旋	方 仁 人	旋	旋		
	族	겨레 **족** 方부 7	族	方 仁 人	族	族		
	旗	기 **기** 方부 10	旗	方 仁 其	旗	旗		
无 없을무	旣	이미 **기** 无부 7	旣	艮 仁 旡	旣	旣		
日 날 일	日	날 **일** 日부 0	日	丨丁 二	日	日		
	旦	아침 **단** 日부 1	旦	旦 一	旦	旦		
	旬	열흘 **순** 日부 2	旬	勹 刀 二	旬	旬		
	早	이를 **조** 日부 2	早	日 一 丨	早	早		
	旱	가물 **한** 日부 3	旱	日 二 丨	旱	旱		
	明	밝을 **명** 日부 4	明	日 月 二	明	明		

· 斷念(단념) : 품었던 생각을 버림.
· 方法(방법) : 목적을 이루기 위한 수단.
· 於此彼(어차피) : 어떻게 하든. 아무튼.
· 施行(시행) : 그대로 실지 행함.
· 旅程(여정) : 여행하는 노정.
· 周旋(주선) : 일이 잘 되도록 마련함.
· 族譜(족보) : 씨족(氏族)의 계보.
· 旗手(기수) : 기를 드는 사람.
· 旣決(기결) : 이미 결정하거나 결재함.
· 日記(일기) : 날마다 생긴 일을 적는 기록.
· 元旦(원단) : 설날 아침.
· 七旬(칠순) : 나이 70세.
· 早退(조퇴) : 정각 이전에 물러감.
· 旱災(한재) : 가뭄으로 생기는 재앙.
· 明確(명확) : 똑똑하고 확실함.

日 날 일

昔	예 **석** 日부 4	昔						
昇	오를 **승** 日부 4	昇						
易	바꿀 **역** 쉬울 **이** 日부 4	易						
昌	창성 **창** 日부 4	昌						
昏	어두울 **혼** 日부 4	昏						
星	별 **성** 日부 5	星						
昭	밝을 **소** 日부 5	昭						
是	이 **시** 日부 5	是						
映	비칠 **영** 日부 5	映						
昨	어제 **작** 日부 5	昨						
春	봄 **춘** 日부 5	春						
時	때 **시** 日부 6	時						
晚	늦을 **만** 日부 7	晚						
晨	새벽 **신** 日부 7	晨						
晝	낮 **주** 日부 7	晝						

- 昔歲(석세): 작년.
- 昇進(승진): 지위가 오름.
- 交易(교역): 서로 물건을 사고 팔고 하여 바꿈.
- 昌盛(창성): 번성하고 잘 되어 감.
- 昏迷(혼미): 사리에 어둡고 흐리멍텅함.
- 星霜(성상): 일년 동안의 세월.
- 昭詳(소상): 분명하고 자상함.
- 是認(시인): 옳다고 인정함.
- 反映(반영): 반사하여 되비침.
- 昨今(작금): 어제 오늘.
- 春風(춘풍): 봄바람.
- 時代(시대): 역사적 구분의 하나.
- 晚年(만년): 늙은 나이.
- 晨夕(신석): 아침과 저녁.
- 晝間(주간): 낮 동안.

66 千八百字 따라쓰기

日 날 일									
景	별 **경** 日부 8	景			景	景			
普	넓을 **보** 日부 8	普			普	普			
智	지혜 **지** 슬기 지 日부 8	智			智	智			
晴	개일 **청** 日부 8	晴			晴	晴			
暇	틈 **가** 겨를 가 日부 9	暇			暇	暇			
暖	따뜻할 **난** 日부 9	暖			暖	暖			
暑	더울 **서** 日부 9	暑			暑	暑			
暗	어두울 **암** 日부 9	暗			暗	暗			
暢	화창할 **창** 日부 10	暢			暢	暢			
暮	저물 **모** 日부 11	暮			暮	暮			
暫	잠깐 **잠** 日부 11	暫			暫	暫			
暴	사나울 **폭** 모질 포 日부 11	暴			暴	暴			
曆	책력 **력** 日부 12	曆			曆	曆			
曉	새벽 **효** 日부 12	曉			曉	曉			
日 가로왈	가로 **왈** 日부 0	日			日	日			

- 風景(풍경): 경치.
- 普通(보통): 예사로움.
- 智能(지능): 지혜와 능력.
- 晴天(청천): 개인 하늘. 좋은 날씨.
- 休暇(휴가): 일정한 기간을 쉬는 겨를.
- 暖房(난방): 방을 덥게 함.
- 暴暑(폭서): 몹시 심한 더위.
- 明暗(명암): 밝음과 어둠.
- 流暢(유창): 흐르는 듯이 말을 잘 함.
- 歲暮(세모): 한 해의 마지막 때.
- 暫間(잠간): 매우 짧은 동안.
- 暴徒(폭도): 폭동을 일으키는 무리.
- 曆學(역학): 책력에 관한 학문.
- 曉星(효성): 샛별.
- 曰牌(왈패): 언행이 수선스러운 사람.

曲	굽을 **곡** 曰부 2	曲	ㄱㄱ川二	曲	曲			**日** 가로왈
更	고칠 **경** 다시 **갱** 曰부 3	更	豆人	更	更			
書	글 **서** 曰부 6	書	彐l丨므	書	書			
曾	일찍이 **증** 曰부 8	曾	合ﬞ므	曾	曾			
替	바꿀 **체** 曰부 8	替	夫夫ㄲ二	替	替			
最	가장 **최** 曰부 8	最	뫼耳又	最	最			
會	모일 **회** 曰부 9	會	合ﬞ므	會	會			
月	달 **월** 月부 0	月	刀二	月	月			**月** 달 월
有	있을 **유** 月부 4	有	ㄥ刀二	有	有			
服	옷 **복** 月부 4	服	刀二丨又乀	服	服			
朋	벗 **붕** 月부 4	朋	刀二刀二	朋	朋			
朔	초하루 **삭** 月부 6	朔	云刀刀二	朔	朔			
朗	밝을 **랑** 月부 7	朗	彐ﬞ乚乀刀二	朗	朗			
望	바랄 **망** 月부 7	望	ﬞ乙〣ㅗ	望	望			
期	기약할 **기** 月부 8	期	艹丰月二	期	期			

- 曲線(곡선) : 구부러진 선.
- 更正(경정) : 바르게 고침.
- 書類(서류) : 글자로 기록한 문서.
- 未曾有(미증유) : 일찍이 없었음.
- 交替(교체) : 교대(交代).
- 最高(최고) : 가장 높음.
- 會議(회의) : 여럿이 모여 의논함.
- 月給(월급) : 다달이 받는 급료.
- 有名(유명) : 이름남.
- 服裝(복장) : 옷차림.
- 朋友(붕우) : 친구.
- 朔月貰(삭월세) : 집세로 다달이 내는 돈.
- 朗讀(낭독) : 소리내어 읽음.
- 待望(대망) : 기다리고 바람.
- 期待(기대) : 믿고 기다림.

부수	한자	훈음	필순		따라쓰기					
月 달 월	朝	아침 **조** 月부 8	朝	朝三l刀二	朝	朝				
木 나무목	木	나무 **목** 木부 0	木	一l八	木	木				
	末	끝 **말** 木부 1	末	二l八	末	末				
	未	아닐 **미** 木부 1	未	二l八	未	未				
	本	근본 **본** 木부 1	本	一l八二	本	本				
	朴	성 **박** 木부 2	朴	一乚、卜	朴	朴				
	朱	붉을 **주** 木부 2	朱	二l八	朱	朱				
	李	오얏 **리** 성 **리** 木부 3	李	丁字一	李	李				
	束	묶을 **속** 木부 3	束	曰l八	束	束				
	材	재목 **재** 木부 3	材	丁八丁	材	材				
	村	마을 **촌** 木부 3	村	丁八一乚、	村	村				
	果	실과 **과** 木부 4	果	甲l八	果	果				
	東	동녘 **동** 木부 4	東	亘l八	東	東				
	林	수풀 **림** 木부 4	林	丁八一人	林	林				
	杯	잔 **배** 木부 4	杯	丁八不、	杯	杯				

- 朝刊(조간): 아침에 발행하는 신문.
- 木工(목공): 목수.
- 末端(말단): 맨 끄트머리.
- 未來(미래): 아직 오지 않은 때.
- 本性(본성): 본디의 성질.
- 素朴(소박): 꾸밈없이 생긴 그대로임.
- 朱丹(주단): 곱고도 붉은 빛깔.
- 桃李(도리): 복숭아와 자두.
- 約束(약속): 장래 일을 언약하여 정함.
- 材料(재료): 물건을 만드는 감.
- 村落(촌락): 시골의 마을.
- 果然(과연): 알고 보니 정말로.
- 東方(동방): 동쪽.
- 林野(임야): 나무가 무성한 들.
- 乾杯(건배): 잔을 비움.

木
나무목

析	쪼갤 **석** 木부 4	析	丆八斤	析	析					
松	소나무 **송** 木부 4	松	丆八厶厶	松	松					
枝	가지 **지** 木부 4	枝	丁八十又	枝	枝					
枕	베개 **침** 木부 4	枕	一し冘	枕	枕					
板	널 **판** 木부 4	板	丁し反	板	板					
架	시렁 **가** 木부 5	架	又口八	架	架					
枯	마를 **고** 木부 5	枯	丁八丅口	枯	枯					
柳	버들 **류** 木부 5	柳	丁八夘丨	柳	柳					
某	아무 **모** 木부 5	某	𠀇丁八	某	某					
査	조사할 **사** 木부 5	査	丁八旦	査	査					
染	물들 **염** 木부 5	染	氵九丅八	染	染					
柔	부드러울 **유** 木부 5	柔	丞丆八	柔	柔					
柱	기둥 **주** 木부 5	柱	丁し主	柱	柱					
柏	측백 **백** 木부 5	柏	丁八仵二	柏	柏					
格	격식 **격** 木부 6	格	丁八夂ㅁ	格	格					

- 解析(해석) : 사물을 상세히 풀어서 연구함.
- 松柏(송백) : 소나무와 잣나무.
- 幹枝(간지) : 나무의 줄기와 가지.
- 枕木(침목) : 물건 밑을 괴는 나무.
- 板子(판자) : 널빤지.
- 架空(가공) : 근거가 없음. 사실이 아님.
- 枯渴(고갈) : 물이 바짝 마름.
- 細柳(세류) : 가지가 가늘고 긴 버들.
- 某種(모종) : 어떤 종류.
- 査定(사정) : 조사하여 결정함.
- 染色(염색) : 물을 들임.
- 溫柔(온유) : 온화하고 유순함.
- 電柱(전주) : 전봇대.
- 冬柏(동백) : 동백꽃. 또는 그 열매.
- 格言(격언) : 교훈적인 짧은 말 토막.

木
나무목

桂	계수나무 **계** 木부 6	桂			
校	학교 **교** 木부 6	校			
根	뿌리 **근** 木부 6	根			
桃	복숭아 **도** 木부 6	桃			
桐	오동 **동** 木부 6	桐			
栗	밤 **률** 木부 6	栗			
桑	뽕나무 **상** 木부 6	桑			
案	책상 **안** 木부 6	案			
栽	심을 **재** 木부 6	栽			
株	그루 **주** 木부 6	株			
核	씨 **핵** 木부 6	核			
械	기계 **계** 木부 7	械			
梁	들보 **량** 돌다리 **량** 木부 7	梁			
梨	배나무 **리** 木부 7	梨			
梅	매화 **매** 木부 7	梅			

- 月桂冠(월계관) : 우승의 영예.
- 校服(교복) : 학교의 제복.
- 根本(근본) : 사물의 본바탕.
- 桃源(도원) : 선경, 별천지의 비유.
- 梧桐(오동) : 오동나무.
- 栗木(율목) : 밤나무.
- 桑田(상전) : 뽕나무밭.
- 案件(안건) : 문서에 적은 사건이나 계획.
- 栽培(재배) : 초목을 심고 북돋아 기르는 일.
- 株主(주주) : 주권을 가지고 있는 사람.
- 核心(핵심) : 사물의 중심 되는 부분.
- 機械(기계) : 원동력을 이용한 생산 장치.
- 橋梁(교량) : 다리.
- 梨花(이화) : 배꽃.
- 雪中梅(설중매) : 눈 속에 핀 매화.

木
나무목

梧	오동 오 木부 7	梧		梧	梧			
條	가지 조 木부 7	條		條	條			
棄	버릴 기 木부 8	棄		棄	棄			
森	수풀 삼 木부 8	森		森	森			
植	심을 식 木부 8	植		植	植			
極	극진할 극 木부 9	極		極	極			
楊	버들 양 木부 9	楊		楊	楊			
業	업 업 木부 9	業		業	業			
楓	단풍 풍 木부 9	楓		楓	楓			
構	얽을 구 木부 10	構		構	構			
榮	영화 영 木부 10	榮		榮	榮			
槪	대개 개 木부 11	槪		槪	槪			
樓	다락 루 木부 11	樓		樓	樓			
模	본뜰 모 木부 11	模		模	模			
樂	노래 악 즐길 락 木부 11	樂		樂	樂			

· 碧梧桐(벽오동) : 푸른 오동나무.
· 條件(조건) : 약속할 때 붙이는 제한.
· 廢棄(폐기) : 폐지하여 버림.
· 森林(삼림) : 나무 숲.
· 植木(식목) : 나무를 심음.
· 極盡(극진) : 힘이나 마음을 다함.
· 垂楊(수양) : 땅에 닿도록 늘어진 버들.
· 業務(업무) : 맡아서 하는 일.
· 丹楓(단풍) : 단풍나무.
· 構成(구성) : 얽어 만듦.
· 榮光(영광) : 빛나는 영예.
· 槪要(개요) : 대강의 요점.
· 鐘樓(종루) : 종을 달아 놓은 누각.
· 模倣(모방) : 흉내를 냄. 본뜸.
· 樂曲(악곡) : 음악의 곡조.

木 나무목

漢字	훈음	부수·획수	쓰기	획순				
樣	모양 **양**	木부 11	樣	ㄱㅅ늘永	樣	樣		
標	표할 **표**	木부 11	標	丁八覀示	標	標		
橋	다리 **교**	木부 12	橋	一丿夭呑吕	橋	橋		
機	틀 **기**	木부 12	機	丁八幺幺戈	機	機		
樹	나무 **수**	木부 12	樹	丁八吉壴寸丁	樹	樹		
橫	가로 **횡**	木부 12	橫	丁八𦍌四黃	橫	橫		
檢	검사할 **검**	木부 13	檢	丁八合亼从	檢	檢		
檀	박달나무 **단**	木부 13	檀	丁八亠回旦	檀	檀		
欄	난간 **란**	木부 17	欄	丁八門東刂	欄	欄		
權	권세 **권**	木부 18	權	丁八艹吂隹	權	權		

欠 하품흠

漢字	훈음	부수·획수	쓰기	획순				
次	버금 **차**	欠부 2	次	ニㄅ几八	次	次		
欲	하고자할 **욕**	欠부 7	欲	谷夂人丶	欲	欲		
欺	속일 **기**	欠부 8	欺	丌丌甚欠	欺	欺		
歌	노래 **가**	欠부 10	歌	可可可欠	歌	歌		
歎	탄식할 **탄**	欠부 11	歎	艹吂吅人欠	歎	歎		

- 樣式(양식) : 일정한 모양과 방식.
- 目標(목표) : 목적삼는 곳.
- 陸橋(육교) : 구름다리.
- 機會(기회) : 일의 좋은 고비.
- 樹木(수목) : 나무.
- 橫斷(횡단) : 가로 끊어 지나감.
- 檢索(검색) : 검사하여 찾음.
- 檀紀(단기) : 단군기원(檀君紀元)의 준말.
- 空欄(공란) : 지면의 빈 난.
- 權利(권리) : 권세(權勢)와 이익.
- 次席(차석) : 수석의 다음 자리.
- 欲望(욕망) : 하고자 간절히 바람.
- 詐欺(사기) : 남을 꾀어 속임.
- 歌詞(가사) : 노래의 내용이 되는 글.
- 痛歎(통탄) : 몹시 탄식함.

歡	기쁠 **환** 欠부 18	歡			歡	歡		
止	그칠 **지** 止부 0	止			止	止		
正	바를 **정** 止부 1	正			正	正		
此	이 **차** 止부 2	此			此	此		
步	걸음 **보** 止부 3	步			步	步		
武	호반 **무** 止부 4	武			武	武		
歲	해 **세** 止부 9	歲			歲	歲		
歷	지날 **력** 止부 12	歷			歷	歷		
歸	돌아갈 **귀** 止부 14	歸			歸	歸		
死	죽을 **사** 歹부 2	死			死	死		
殃	재앙 **앙** 歹부 5	殃			殃	殃		
殆	거의 **태** 歹부 5	殆			殆	殆		
殊	다를 **수** 歹부 6	殊			殊	殊		
殉	따라죽을 **순** 歹부 6	殉			殉	殉		
殘	남을 **잔** 歹부 8	殘			殘	殘		

欠
하품흠

止
그칠지

歹
죽을사변

- 歡迎(환영): 호의를 통하여 즐거이 맞음.
- 抑止(억지): 억눌러서 제지함.
- 是正(시정): 잘못된 것을 바로 잡음.
- 此後(차후): 이 다음. 이 뒤.
- 踏步(답보): 제자리걸음.
- 武裝(무장): 전투할 때 갖추는 몸차림.
- 歲月(세월): 흘러가는 시간.
- 歷代(역대): 지내 내려온 여러 대.
- 歸京(귀경): 서울로 돌아오거나 돌아감.
- 死力(사력): 죽기를 무릅쓰고 쓰는 힘.
- 災殃(재앙): 천재지변으로 인한 불행한 사고.
- 危殆(위태): 형세가 매우 어려움.
- 特殊(특수): 특별히 다름.
- 殉敎(순교): 믿는 종교를 위해 목숨을 버림.
- 殘黨(잔당): 쳐서 없애고 남은 악당의 무리.

부수	한자	훈음							
殳 갖은등글월문	段	층계 **단** 殳부 5	段			段	段		
	殺	죽일 **살** 감할 **쇄** 殳부 7	殺			殺	殺		
	毀	헐 **훼** 殳부 9	毀			毀	毀		
母 말무	母	어미 **모** 母부 1	母			母	母		
	每	매양 **매** 母부 3	每			每	每		
	毒	독 **독** 母부 4	毒			毒	毒		
比 견줄비	比	견줄 **비** 比부 0	比			比	比		
毛 터럭모	毛	터럭 **모** 毛부 0	毛			毛	毛		
	毫	터럭 **호** 毛부 7	毫			毫	毫		
氏 성씨	氏	성 씨 각시 씨 氏부 0	氏			氏	氏		
	民	백성 **민** 氏부 1	民			民	民		
气 기운기	氣	기운 **기** 气부 6	氣			氣	氣		
水(氺) 물 수	水	물 **수** 水부 0	水			水	水		
	氷	얼음 **빙** 水부 1	氷			氷	氷		
	永	길 **영** 水부 1	永			永	永		

- 段階(단계): 일의 차례를 따라 나아가는 과정.
- 虐殺(학살): 참혹하게 마구 무찔러 죽임.
- 毀損(훼손): 헐거나 깨뜨려 못쓰게 함.
- 父母(부모): 아버지와 어머니.
- 每事(매사): 하나하나의 모든 일.
- 毒殺(독살): 독약을 먹여 죽임.
- 比較(비교): 서로 견주어 봄.
- 脫毛(탈모): 털이 빠짐.
- 揮毫(휘호): 붓을 휘둘러 글씨를 씀.
- 姓氏(성씨): 성(姓)의 높임말.
- 國民(국민): 같은 국적을 가진 인민.
- 氣溫(기온): 대기의 온도.
- 食水(식수): 식용으로 쓰는 물.
- 氷河(빙하): 얼어붙은 큰 강.
- 永眠(영면): 영원히 잠듦.

求	구할 **구** 水부 2	求		求	求			**水**(氺) 물 **수**
泉	샘 **천** 水부 5	泉		泉	泉			
泰	클 **태** 水부 5	泰		泰	泰			
火	불 **화** 火부 0	火		火	火			**火** 불 **화**
灰	재 **회** 火부 2	灰		灰	灰			
災	재앙 **재** 火부 3	災		災	災			
炎	불꽃 **염** 火부 4	炎		炎	炎			
炭	숯 **탄** 火부 5	炭		炭	炭			
煩	번거로울 **번** 火부 9	煩		煩	煩			
煙	연기 **연** 火부 9	煙		煙	煙			
燈	등 **등** 火부 12	燈		燈	燈			
燒	사를 **소** 火부 12	燒		燒	燒			
燃	탈 **연** 火부 12	燃		燃	燃			
營	경영할 **영** 火부 13	營		營	營			
燥	마를 **조** 火부 13	燥		燥	燥			

- 求職(구직) : 직업을 구함.
- 甘泉(감천) : 물맛이 좋은 샘.
- 泰山峻嶺(태산준령) : 큰 산과 험한 고개.
- 火災(화재) : 불이 나는 재앙.
- 石灰(석회) : 생석회와 소석회의 총칭.
- 水災(수재) : 홍수의 재해.
- 暴炎(폭염) : 폭서.
- 炭鑛(탄광) : 석탄이 나는 광산.
- 煩惱(번뇌) : 마음이 시달려서 괴로움.
- 禁煙(금연) : 담배를 피우지 못하게 함.
- 消燈(소등) : 등불을 끔.
- 燒却(소각) : 불에 태워 없애 버림.
- 再燃(재연) : 꺼졌던 불이 다시 탐.
- 營利(영리) : 재산상의 이익을 도모함.
- 乾燥(건조) : 물기나 습기가 없어짐.

	火 불 화	燭	촛불 **촉** 火부 13	燭			燭	燭			
		爆	불터질 **폭** 火부 15	爆			爆	爆			
		爐	화로 **로** 火부 16	爐			爐	爐			
		爛	빛날 **란** 火부 17	爛			爛	爛			
	⺣ 연화발	烈	매울 **렬** ⺣부 6	烈			烈	烈			
		烏	까마귀 **오** ⺣부 6	烏			烏	烏			
		焉	어찌 **언** ⺣부 7	焉			焉	焉			
		無	없을 **무** ⺣부 8	無			無	無			
		然	그럴 **연** ⺣부 8	然			然	然			
		照	비칠 **조** ⺣부 9	照			照	照			
		熙	밝을 **희** ⺣부 9	熙			熙	熙			
		熟	익을 **숙** ⺣부 11	熟			熟	熟			
		熱	더울 **열** ⺣부 11	熱			熱	熱			
		燕	제비 **연** ⺣부 12	燕			燕	燕			
	爪 손톱 조	爭	다툴 **쟁** 爪부 4	爭			爭	爭			

- 燭光(촉광) : 등불이나 촛불의 빛.
- 爆破(폭파) : 폭발시켜 파괴함.
- 火爐(화로) : 불을 담는 그릇.
- 爛商討論(난상토론) : 낱낱이 들어 잘 토론함.
- 猛烈(맹렬) : 기세가 사납고 세참.
- 烏飛梨落(오비이락) : 까마귀 날자 배 떨어진다.
- 於焉間(어언간) : 알지 못하는 동안에 어느덧.
- 無理(무리) : 하기 곤란함.
- 宛然(완연) : 뚜렷함.
- 照明(조명) : 밝게 비춤.
- 熙笑(희소) : 기뻐하며 웃음.
- 能熟(능숙) : 능하고 익숙함.
- 熱唱(열창) : 노래 따위를 열심히 부름.
- 燕雀(연작) : 제비와 참새.
- 紛爭(분쟁) : 말썽을 일으켜 시끄럽게 다툼.

爲	하 **위** 爪부 8	爲		爲	爲	
爵	벼슬 **작** 爪부 14	爵		爵	爵	
父	아비 **부** 父부 0	父		父	父	
片	조각 **편** 片부 0	片		片	片	
版	판목 **판** 片부 4	版		版	版	
牙	어금니 **아** 牙부 0	牙		牙	牙	
牛	소 **우** 牛부 0	牛		牛	牛	
牧	칠 **목** 牛부 4	牧		牧	牧	
物	물건 **물** 牛부 4	物		物	物	
特	특별할 **특** 牛부 6	特		特	特	
犬	개 **견** 犬부 0	犬		犬	犬	
狀	형상 **상** 문서 **장** 犬부 4	狀		狀	狀	
獄	옥 **옥** 犬부 10	獄		獄	獄	
獸	짐승 **수** 犬부 15	獸		獸	獸	
獻	드릴 **헌** 犬부 16	獻		獻	獻	

爪 손톱조 / 父 아비부 / 片 조각편 / 牙 어금니아 / 牛 소 우 / 犬 개 견

• 行爲(행위) : 사람이 행하는 짓.
• 爵位(작위) : 벼슬과 지위.
• 嚴父(엄부) : 엄한 아버지.
• 片道(편도) : 가거나 오거나 할 때의 한쪽 길.
• 重版(중판) : 출판물의 판수를 거듭 간행함.
• 齒牙(치아) : '이'의 점잖은 일컬음.
• 牛耳讀經(우이독경) : 쇠귀에 경읽기.
• 牧童(목동) : 양, 마소를 치는 아이.
• 物價(물가) : 상품의 시장가격.
• 特殊(특수) : 특별히 다름.
• 愛犬(애견) : 개를 사랑함. 또는 그 개.
• 狀況(상황) : 일이 되어 가는 형편이나 모양.
• 獄苦(옥고) : 옥살이하는 고생.
• 禽獸(금수) : 모든 짐승.
• 文獻(문헌) : 학술연구에 자료가 되는 문서.

耂 늙을로	考	생각할 고 耂부 2	考	二丿丂	考	考				
	老	늙을 로 耂부 2	老	工丿匕	老	老				
	者	놈 자 耂부 5	者	工白、	者	者				
王(玉) 구슬옥	王	임금 왕 玉부 0	王	三丨一	王	王				
	玉	구슬 옥 玉부 0	玉	三丨丶	玉	玉				
	珍	보배 진 玉부 5	珍	三人彡	珍	珍				
	班	나눌 반 玉부 6	班	三刂三	班	班				
	球	공 구 玉부 7	球	三丁人、	球	球				
	理	다스릴 리 玉부 7	理	三曰工	理	理				
	現	나타날 현 玉부 7	現	三曰儿	現	現				
	琴	거문고 금 玉부 8	琴	三王今	琴	琴				
	琢	다듬을 탁 玉부 8	琢	三丂乀	琢	琢				
	環	고리 환 玉부 13	環	三罒罘	環	環				
艹 초두머리	芳	꽃다울 방 艹부 4	芳	艹亠丂	芳	芳				
	芽	싹 아 艹부 4	芽	艹二刂	芽	芽				

- 考慮(고려): 생각하여 봄.
- 老後(노후): 늙은 뒤.
- 富者(부자): 살림이 넉넉한 사람.
- 王宮(왕궁): 임금이 기거하는 궁전.
- 白玉(백옥): 흰 구슬.
- 珍貴(진귀): 보배롭고 귀중함.
- 班鄕(반향): 양반이 많이 사는 시골.
- 投球(투구): 야구에서 투수가 공을 던짐.
- 非理(비리): 도리에 어그러지는 일.
- 實現(실현): 실제로 나타나거나 나타냄.
- 伽倻琴(가야금): 우리 나라의 고유의 현악기.
- 琢器(탁기): 쪼아서 고르게 만든 그릇.
- 金指環(금지환): 금가락지.
- 芳年(방년): 여자 이십 전후의 꽃다운 나이.
- 麥芽(맥아): 엿기름.

花	꽃 **화** 艹부 4	花			花	花			
苦	쓸 **고** 艹부 5	苦			苦	苦			
苟	구차할 **구** 艹부 5	苟			苟	苟			
苗	모 **묘** 艹부 5	苗			苗	苗			
茂	무성할 **무** 艹부 5	茂			茂	茂			
若	같을 **약** 반야 **야** 艹부 5	若			若	若			
英	꽃부리 **영** 艹부 5	英			英	英			
茶	차 **다** 차 **차** 艹부 6	茶			茶	茶			
茫	아득할 **망** 艹부 6	茫			茫	茫			
草	풀 **초** 艹부 6	草			草	草			
荒	거칠 **황** 艹부 6	荒			荒	荒			
莫	없을 **막** 艹부 7	莫			莫	莫			
莊	씩씩할 **장** 艹부 7	莊			莊	莊			
荷	멜 **하** 艹부 7	荷			荷	荷			
菊	국화 **국** 艹부 8	菊			菊	菊			

· 花園(화원): ① 꽃동산. ② 꽃가게.
· 苦難(고난): 괴로움과 어려움.
· 苟且(구차): 몹시 가난하고 군색함.
· 苗木(묘목): 옮겨 심는 어린 나무.
· 茂盛(무성): 초목이 많이 나서 우거짐.

· 明若觀火(명약관화): 불을 보듯 뻔함.
· 英才(영재): 탁월한 재주. 또 그런 사람.
· 茶菓(다과): 차와 과자.
· 茫漠(망막): 가물가물할 정도로 매우 멈.
· 雜草(잡초): 잡풀.

· 荒凉(황량): 황폐하여 쓸쓸함.
· 莫重(막중): 매우 중요함.
· 莊嚴(장엄): 존귀하고 엄숙함.
· 荷重(하중): 물체에 작용하는 외력.
· 黃菊(황국): 빛이 누런 국화.

十
초두머리

菌	버섯 **균** ⺾부 8	菌			菌	菌			
菜	나물 **채** ⺾부 8	菜			菜	菜			
華	빛날 **화** ⺾부 8	華			華	華			
落	떨어질 **락** ⺾부 9	落			落	落			
萬	일만 **만** ⺾부 9	萬			萬	萬			
葉	잎 **엽** ⺾부 9	葉			葉	葉			
葬	장사지낼 **장** ⺾부 9	葬			葬	葬			
著	나타낼 **저** ⺾부 9	著			著	著			
蓋	덮을 **개** ⺾부 10	蓋			蓋	蓋			
蒙	어두울 **몽** ⺾부 10	蒙			蒙	蒙			
蒸	찔 **증** ⺾부 10	蒸			蒸	蒸			
蒼	푸를 **창** ⺾부 10	蒼			蒼	蒼			
蓄	모을 **축** ⺾부 10	蓄			蓄	蓄			
蓮	연꽃 **련** ⺾부 11	蓮			蓮	蓮			
蔬	나물 **소** ⺾부 11	蔬			蔬	蔬			

- 殺菌(살균) : 세균 등을 사멸시킴.
- 山菜(산채) : 산나물.
- 華麗(화려) : 번화하고 고움.
- 落淚(낙루) : 눈물을 떨어뜨림.
- 萬感(만감) : 여러 가지 느낌.
- 葉書(엽서) : 우편엽서의 약칭.
- 葬禮(장례) : 장사지내는 예절.
- 顯著(현저) : 뚜렷이 드러나 분명함.
- 蓋然(개연) : 확실치 않으나 그럴 것 같은 상태.
- 啓蒙(계몽) : 무식한 사람을 깨우쳐 줌.
- 水蒸氣(수증기) : 물이 증발하여 된 김.
- 蒼空(창공) : 맑게 개인 새파란 하늘.
- 蓄積(축적) : 많이 모으는 것.
- 蓮花燈(연화등) : 연꽃모양의 등.
- 蔬飯(소반) : 변변치 못한 음식.

蔽	덮을 **폐** 艹부 12	蔽			蔽	蔽			
薄	엷을 **박** 艹부 13	薄			薄	薄			
薦	천거할 **천** 艹부 13	薦			薦	薦			
藍	쪽 **람** 艹부 14	藍			藍	藍			
藏	감출 **장** 艹부 14	藏			藏	藏			
藥	약 **약** 艹부 15	藥			藥	藥			
藝	재주 **예** 艹부 15	藝			藝	藝			
蘇	되살아날 **소** 艹부 16	蘇			蘇	蘇			
蘭	난초 **란** 艹부 17	蘭			蘭	蘭			
近	가까울 **근** 辶부 4	近			近	近			
返	돌이킬 **반** 辶부 4	返			返	返			
迎	맞을 **영** 辶부 4	迎			迎	迎			
迫	핍박할 **박** 辶부 5	迫			迫	迫			
述	펼 **술** 辶부 5	述			述	述			
逃	**도**망일 **도** 辶부 6	逃			逃	逃			

艹
초두머리

辶
책받침

- 隱蔽(은폐) : 가리어 숨김. 덮어 감춤.
- 薄俸(박봉) : 적은 봉급.
- 推薦(추천) : 인재를 천거함.
- 藍色(남색) : 남빛.
- 藏書(장서) : 책을 간직해 둠. 또 그 책.
- 製藥(제약) : 약을 제조함.
- 書藝(서예) : 글씨를 쓰는 방법을 배우는 일.
- 蘇生(소생) : 다시 살아남.
- 蘭草(난초) : 난초과의 여러 해살이 풀.
- 近來(근래) : 요즈음.
- 返還(반환) : 도로 돌려줌.
- 迎接(영접) : 손님을 맞아서 접대함.
- 迫害(박해) : 못 견디게 굴어서 해롭게 함.
- 記述(기술) : 문장으로 적음.
- 逃亡(도망) : 쫓겨 달아남.

辶
책받침

迷	미혹할 **미** 辶부 6	迷			迷	迷			
送	보낼 **송** 辶부 6	送			送	送			
逆	거스릴 **역** 辶부 6	逆			逆	逆			
追	쫓을 **추** 따를 **추** 辶부 6	追			追	追			
退	물러날 **퇴** 辶부 6	退			退	退			
途	길 **도** 辶부 7	途			途	途			
連	이을 **련** 辶부 7	連			連	連			
逢	만날 **봉** 辶부 7	逢			逢	逢			
速	빠를 **속** 辶부 7	速			速	速			
造	지을 **조** 辶부 7	造			造	造			
逐	쫓을 **축** 辶부 7	逐			逐	逐			
通	통할 **통** 辶부 7	通			通	通			
透	사무칠 **투** 辶부 7	透			透	透			
逸	편안할 **일** 辶부 8	逸			逸	逸			
進	나아갈 **진** 辶부 8	進			進	進			

- 迷兒(미아): 길을 잃은 아이.
- 送金(송금): 돈을 보냄.
- 拒逆(거역): 윗사람의 뜻을 어기고 거스름.
- 追跡(추적): 뒤를 밟아 쫓아감.
- 擊退(격퇴): 적을 쳐서 물리침.
- 途中(도중): 일을 하고 있는 동안.
- 連結(연결): 서로 이어서 맺음.
- 逢變(봉변): 뜻밖의 변을 당함.
- 速成(속성): 빨리 이룸.
- 造成(조성): 만들어서 이룸.
- 逐出(축출): 쫓아냄. 몰아냄.
- 通達(통달): 환히 앎.
- 透視(투시): 속의 것을 트이게 봄.
- 安逸(안일): 평안함.
- 進路(진로): 앞으로 나아갈 길.

辶
책받침

過	지날 **과** 辶부 9	過		過	過		
達	통달할 **달** 辶부 9	達		達	達		
道	길 **도** 辶부 9	道		道	道		
遂	드디어 **수** 辶부 9	遂		遂	遂		
遇	만날 **우** 辶부 9	遇		遇	遇		
運	옮길 **운** 辶부 9	運		運	運		
違	어긋날 **위** 辶부 9	違		違	違		
遊	놀 **유** 辶부 9	遊		遊	遊		
遍	두루 **편** 辶부 9	遍		遍	遍		
遣	보낼 **견** 辶부 10	遣		遣	遣		
遙	멀 **요** 辶부 10	遙		遙	遙		
遠	멀 **원** 辶부 10	遠		遠	遠		
適	맞을 **적** 辶부 11	適		適	適		
遲	더딜 **지** 늦을 **지** 辶부 12	遲		遲	遲		
選	가릴 **선** 辶부 12	選		選	選		

- **過信**(과신) : 지나치게 믿음.
- **達成**(달성) : 목적한 바를 이룸.
- **道人**(도인) : 도를 닦는 사람.
- **遂行**(수행) : 일을 계획대로 해냄.
- **境遇**(경우) : 놓이게 되는 조건이나 때.
- **運營**(운영) : 일을 경영하여 나아감.
- **違法**(위법) : 법을 어김.
- **遊覽**(유람) : 돌아다니며 구경함.
- **遍在**(편재) : 두루퍼져 있음.
- **派遣**(파견) : 임무를 맡겨 어느 곳에 보냄.
- **遙遠**(요원) : 아득히 멂.
- **遠近**(원근) : 멀고 가까움.
- **適當**(적당) : 알맞음. 마땅함.
- **遲刻**(지각) : 정해진 시각에 늦음.
- **選擇**(선택) : 골라서 뽑음.

부수	한자	훈음							
辶 책받침	遺	남길 **유** 辶부 12	遺			遺	遺		
	遵	좇을 **준** 辶부 12	遵			遵	遵		
	遷	옮길 **천** 辶부 12	遷			遷	遷		
	避	피할 **피** 辶부 13	避			避	避		
	還	돌아올 **환** 辶부 13	還			還	還		
	邊	가 **변** 辶부 15	邊			邊	邊		
玄 검을현	玄	검을 **현** 玄부 0	玄			玄	玄		
	玆	이 **자** 玄부 5	玆			玆	玆		
	率	비율 **률** 거느릴 **솔** 玄부 6	率			率	率		
瓜 오이과	瓜	오이 **과** 瓜부 0	瓜			瓜	瓜		
瓦 기와와	瓦	기와 **와** 瓦부 0	瓦			瓦	瓦		
甘 달감	甘	달 **감** 甘부 0	甘			甘	甘		
	甚	심할 **심** 甘부 4	甚			甚	甚		
生 날생	生	날 **생** 生부 0	生			生	生		
	産	낳을 **산** 生부 6	産			産	産		

- 遺憾(유감): 마음에 섭섭함.
- 遵守(준수): 그대로 좇아 지킴.
- 遷都(천도): 도읍을 옮김.
- 待避(대피): 위험을 피하여 잠시 기다림.
- 還甲(환갑): 나이 61세를 가리키는 말.
- 周邊(주변): 둘레의 언저리.
- 玄關(현관): 양식 집채의 정면에 낸 문간.
- 玆에(자-): '여기에', '이에'의 뜻의 접속부사.
- 確率(확률): 어떤 사건이 일어날 확실성의 정도
- 瓜年(과년): 여자가 혼기에 이른 나이.
- 瓦解(와해): 조직이나 기능 등이 무너짐.
- 甘草(감초): 한방에서 쓰이는 식물의 뿌리.
- 極甚(극심): 극히 심함.
- 生計(생계): 살아 나아갈 방도
- 家産(가산): 한 집안의 재산.

用	쓸 **용** 用부 0	用	ﾉﾌ三丨	用	用	
田	밭 **전** 田부 0	田	丨冂丨二	田	田	
甲	갑옷 **갑** 田부 0	甲	冖冂丨	甲	甲	
申	납 **신** 田부 0	申	冂冂丨	申	申	
由	말미암을 **유** 田부 0	由	丨冂丨二	由	由	
男	사내 **남** 田부 2	男	冂冂刀丿	男	男	
界	지경 **계** 田부 4	界	冂冂八丿丨	界	界	
畓	논 **답** 田부 4	畓	丿く冂丨	畓	畓	
畏	두려워할 **외** 田부 4	畏	冂冂一く	畏	畏	
留	머무를 **류** 田부 5	留	ム刀刀二	留	留	
畜	짐승 **축** 田부 5	畜	玄冂丨二	畜	畜	
略	약할 **략** 田부 6	略	冂冂夂口	略	略	
異	다를 **이** 田부 6	異	冂冂田八	異	異	
畢	마칠 **필** 田부 6	畢	冂冂田二丨	畢	畢	
番	차례 **번** 田부 7	番	乀八冂冂	番	番	

- 濫用(남용): 함부로 씀.
- 田園(전원): 논밭과 동산. 시골.
- 同甲(동갑): 같은 나이.
- 申請(신청): 신고하여 청구함.
- 理由(이유): 까닭, 원인.
- 男女(남녀): 남자와 여자.
- 眼界(안계): 눈으로 볼 수 있는 범위.
- 田畓(전답): 논과 밭.
- 敬畏(경외): 두려워하며 공경함.
- 留意(유의): 마음에 둠.
- 畜舍(축사): 가축을 기르는 건물.
- 簡略(간략): 간단하고 단출함.
- 異變(이변): 괴이한 변고.
- 畢竟(필경): 마침내. 결국에는.
- 每番(매번): 번번이.

부수	한자	뜻·음					
田 밭 전	畫	그림 **화** 그을 **획** 田부 7	畫		畫	畫	
	當	마땅 **당** 田부 8	當		當	當	
	畿	경기 **기** 田부 10	畿		畿	畿	
疋 필 필	疎	드물 **소** 疋부 7	疎		疎	疎	
	疑	외신할 **의** 疋부 9	疑		疑	疑	
疒 병질엄	疫	전염병 **역** 疒부 4	疫		疫	疫	
	病	병 **병** 疒부 5	病		病	病	
	症	증세 **증** 疒부 5	症		症	症	
	疾	병 **질** 疒부 5	疾		疾	疾	
	疲	피곤할 **피** 疒부 5	疲		疲	疲	
	痛	아플 **통** 疒부 7	痛		痛	痛	
癶 필발머리	癸	북방 천간 **계** 癶부 4	癸		癸	癸	
	登	오를 **등** 癶부 7	登		登	登	
	發	필 **발** 癶부 7	發		發	發	
白 흰 백	白	흰 **백** 白부 0	白		白	白	

· **畫家**(화가) : 그림을 전문적으로 그리는 사람.
· **宜當**(의당) : 사리에 옳고 마땅함.
· **畿湖**(기호) : 경기지방과 호남지방.
· **疎外**(소외) : 따돌려 멀리함.
· **疑問**(의문) : 의심스러운 점이나 문제.

· **防疫**(방역) : 전염병의 발생을 미리 막음.
· **病菌**(병균) : 병을 일으키는 세균.
· **症狀**(증상) : 병, 상처의 상태.
· **疾苦**(질고) : 병으로 인한 고통.
· **疲困**(피곤) : 몸이 지치고 고달픔.

· **苦痛**(고통) : 몸·마음의 괴로움과 아픔.
· **癸方**(계방) : 24방위의 하나.
· **登校**(등교) : 학교에 출석함.
· **發展**(발전) : 번영함.
· **潔白**(결백) : 깨끗하고 흼.

百	일백 **백** 白부 1	百	ㅜㅜ二	百	百				白 흰 백
的	과녁 **적** 白부 3	的	白二勹、	的	的				
皆	다 **개** 白부 4	皆	工匕亻白	皆	皆				
皇	임금 **황** 白부 4	皇	白一二一	皇	皇				
皮	가죽 **피** 皮부 0	皮	丿フ皮乀	皮	皮				皮 가죽피
益	더할 **익** 皿부 5	益	八一八益皿	益	益				皿 그릇명
盜	도둑 **도** 皿부 7	盜	次丶皿	盜	盜				
盛	성할 **성** 皿부 7	盛	厂成八丶皿	盛	盛				
盟	맹세 **맹** 皿부 8	盟	明明皿	盟	盟				
監	볼 **감** 皿부 9	監	乳乚次皿	監	監				
盡	다할 **진** 皿부 9	盡	聿灬皿	盡	盡				
盤	소반 **반** 皿부 10	盤	舟一殳皿	盤	盤				
目	눈 **목** 目부 0	目	冂三	目	目				目 눈 목
盲	소경 **맹** 눈멀 맹 目부 3	盲	亡冂三	盲	盲				
直	곧을 **직** 目부 3	直	十目乚	直	直				

- 百穀(백곡): 온갖 곡식.
- 的中(적중): 예측이 들어맞음.
- 皆旣蝕(개기식): 개기일식과 개기월식.
- 皇帝(황제): 임금. 천자.
- 皮骨(피골): 살가죽과 뼈.
- 損益(손익): 손해와 이익.
- 盜聽(도청): 남몰래 엿들음.
- 盛大(성대): 아주 성하고 큼.
- 盟約(맹약): 맹세함.
- 監視(감시): 경계하여 지켜봄.
- 盡力(진력): 힘닿는 데까지 다함.
- 基盤(기반): 기초가 되는 지반.
- 目前(목전): 눈 앞. 지금 당장.
- 文盲(문맹): 글을 모름.
- 直面(직면): 어떠한 사태에 직접 부닥침.

	部首	음훈	한자	필순	연습	연습				
目 눈 목	看	볼 **간** 目부 4	看	三ノ⺁三	看	看				
	眉	눈썹 **미** 目부 4	眉	乛ノ⺁三	眉	眉				
	相	서로 **상** 目부 4	相	丁八⺁三	相	相				
	省	살필 **성** 덜 **생** 目부 4	省	少⺁三	省	省				
	盾	방패 **순** 目부 4	盾	ノ一丿目	盾	盾				
	眠	잘 **면** 目부 5	眠	罒コ𠃌氏	眠	眠				
	眞	참 **진** 目부 5	眞	乚罒丷八	眞	眞				
	眼	눈 **안** 目부 6	眼	罒� レ乀	眼	眼				
	着	붙을 **착** 目부 7	着	𦍋ノ⺁三	着	着				
	督	감독할 **독** 目부 8	督	工𠂉又罒	督	督				
	睦	화목할 **목** 目부 8	睦	⺀𡗗工	睦	睦				
	睡	졸음 **수** 目부 8	睡	⺀一㇑工	睡	睡				
	瞬	눈깜작일 **순** 目부 12	瞬	罒爫夕㐄	瞬	瞬				
矛 창 모	矛	창 **모** 矛부 0	矛	乛マ丿亅	矛	矛				
矢 화살시	矢	화살 **시** 矢부 0	矢	㇒ㅗ人	矢	矢				

- 看過(간과): 예사로이 보아 내버려둠.
- 兩眉間(양미간): 두 눈썹 사이.
- 相談(상담): 서로 의논함.
- 自省(자성): 제 스스로 반성함.
- 矛盾(모순): 앞뒤가 서로 맞지 아니함.
- 睡眠(수면): 잠을 잠.
- 眞理(진리): 참된 도리.
- 眼疾(안질): 눈병.
- 到着(도착): 목적한 곳에 다다름.
- 督勵(독려): 감독하여 격려함.
- 和睦(화목): 뜻이 맞고 정다움.
- 午睡(오수): 낮잠.
- 一瞬間(일순간): 눈 깜짝할 사이.
- 矛戟(모극): 외날 창과 쌍날 창.
- 嚆矢(효시): 사물의 맨 처음 됨의 비유.

矢	어조사 **의** 矢부 2	矢		矢	矢				**矢** 화살시
知	알 **지** 矢부 3	知		知	知				
短	짧을 **단** 矢부 7	短		短	短				
矯	바로잡을 **교** 矢부 12	矯		矯	矯				
石	돌 **석** 石부 0	石		石	石				**石** 돌 석
破	깨뜨릴 **파** 石부 5	破		破	破				
硏	갈 **연** 石부 6	硏		硏	硏				
硬	굳을 **경** 石부 7	硬		硬	硬				
硯	벼루 **연** 石부 7	硯		硯	硯				
碑	비석 **비** 石부 8	碑		碑	碑				
碧	푸를 **벽** 石부 9	碧		碧	碧				
確	굳을 **확** 石부 10	確		確	確				
磨	갈 **마** 石부 11	磨		磨	磨				
礎	주춧돌 **초** 石부 13	礎		礎	礎				
示	보일 **시** 示부 0	示		示	示				**示** 보일시

·萬事休矣(만사휴의) : 희망이 끊어짐.
·知覺(지각) : 알아서 깨달음.
·短文(단문) : 짧은 글.
·矯正(교정) : 바르게 바로잡음.
·石山(석산) : 돌로 이루어진 산.

·看破(간파) : 보아서 속내를 알아차림.
·硏修(연수) : 학업을 연구하고 닦음.
·硬度(경도) : 굳기, 강도.
·硯石(연석) : 벼룻돌.
·碑銘(비명) : 비에 새긴 글.

·碧海(벽해) : 푸른 바다.
·確固(확고) : 확실하고 단단함.
·磨滅(마멸) : 닳아 없어짐.
·基礎(기초) : 사물의 밑바탕.
·示威(시위) : 위력이나 기세를 드러내어 보임.

示
보일시

祀	제사 **사** 示부 3	祀	二乁乙	祀	祀				
社	모일 **사** 示부 3	社	亍八二	社	社				
祈	빌 **기** 示부 4	祈	亍八斤	祈	祈				
秘	숨길 **비** 示부 5	秘	二人必	秘	秘				
神	귀신 **신** 示부 5	神	亍八甲	神	神				
祖	할아비 **조** 示부 5	祖	亍八冂三	祖	祖				
祝	빌 **축** 示부 5	祝	示兄乙	祝	祝				
祥	상서 **상** 示부 6	祥	示兰丨	祥	祥				
祭	제사 **제** 示부 6	祭	夕又示、	祭	祭				
票	표 **표** 示부 6	票	覀示八	票	票				
禁	금할 **금** 示부 8	禁	林示二人	禁	禁				
祿	녹 **록** 示부 8	祿	二人彐水	祿	祿				
福	복 **복** 示부 9	福	示一口田	福	福				
禍	재앙 **화** 示부 9	禍	示冂口	禍	禍				
禪	선 **선** 示부 12	禪	示甲三丨	禪	禪				

- 祭祀(제사) : 신령에게 정성을 표하는 예절.
- 社長(사장) : 회사의 우두머리.
- 祈願(기원) : 소원이 이루어지기를 빎.
- 秘密(비밀) : 숨기어 남에게 공개하지 않음.
- 天神(천신) : 하늘의 신령.
- 祖父(조부) : 할아버지.
- 慶祝(경축) : 경사를 축하함.
- 不祥事(불상사) : 상서롭지 못함.
- 祭物(제물) : 제사에 쓰이는 음식.
- 票決(표결) : 투표로써 가부를 결정함.
- 禁煙(금연) : 담배를 못 피우게 함.
- 國祿(국록) : 나라에서 주는 급료.
- 祝福(축복) : 행복을 축원함.
- 禍根(화근) : 화가 되는 근원.
- 坐禪(좌선) : 앉아 선도를 참구함.

禮	예도 **례** 示부 13	禮	示豊豆	禮	禮			
禽	새 **금** 内부 8	禽	今凸ㄥ	禽	禽			
禾	벼 **화** 禾부 0	禾	二丨八	禾	禾			
私	사사 **사** 禾부 2	私	千八厶	私	私			
秀	빼어날 **수** 禾부 2	秀	千八ノ乃	秀	秀			
科	과목 **과** 禾부 4	科	千丶三丨	科	科			
秋	가을 **추** 禾부 4	秋	千丶ノ丶	秋	秋			
租	조세 **조** 禾부 5	租	千丨刀三	租	租			
秩	차례 **질** 禾부 5	秩	千八二人	秩	秩			
移	옮길 **이** 禾부 6	移	千丶夕久	移	移			
稅	세금 **세** 禾부 7	稅	千八兌儿	稅	稅			
程	길 **정** 禾부 7	程	千丶口王	程	程			
稀	드물 **희** 禾부 7	稀	千丶乂巾	稀	稀			
稚	어릴 **치** 禾부 8	稚	千八イ三	稚	稚			
種	씨 **종** 禾부 9	種	千丶重丄	種	種			

示 보일시
内 짐승발자국유
禾 벼 화

- 禮度(예도) : 예의와 법도.
- 禽獸(금수) : 날짐승과 들짐승의 총칭.
- 禾穀(화곡) : 벼, 곡식.
- 私費(사비) : 개인이 부담하는 비용.
- 秀麗(수려) : 산수의 경치가 뛰어남.
- 科目(과목) : 학문의 구분.
- 秋夕(추석) : 중추절.
- 租稅(조세) : 국세 및 지방세의 총칭.
- 無秩序(무질서) : 질서가 없음.
- 移徙(이사) : 집을 옮김.
- 稅關(세관) : 관세청의 소속의 관청.
- 程度(정도) : 알맞은 한도.
- 稀貴(희귀) : 드물어서 매우 진귀함.
- 稚拙(치졸) : 유치하고 졸렬함.
- 滅種(멸종) : 씨가 없어짐.

禾 벼 화	稱	일컬을 **칭** 禾부 9	稱	稱	稱	稱		
	稿	원고 **고** 禾부 10	稿	稿	稿	稿		
	穀	곡식 **곡** 禾부 10	穀	穀	穀	穀		
	稻	벼 **도** 禾부 10	稻	稻	稻	稻		
	積	쌓을 **적** 禾부 11	積	積	積	積		
	穫	거둘 **확** 禾부 14	穫	穫	穫	穫		
穴 구멍혈	穴	굴 **혈** 구멍 **혈** 穴부 0	穴	穴	穴	穴		
	究	연구할 **구** 穴부 2	究	究	究	究		
	空	빌 **공** 穴부 3	空	空	空	空		
	突	갑자기 **돌** 穴부 4	突	突	突	突		
	窓	창 **창** 穴부 6	窓	窓	窓	窓		
	窮	다할 **궁** 穴부 10	窮	窮	窮	窮		
立 설 립	立	설 **립** 立부 0	立	立	立	立		
	竝	나란히 **병** 立부 5	竝	竝	竝	竝		
	竟	마침내 **경** 立부 6	竟	竟	竟	竟		

- 稱讚(칭찬): 잘한다고 기리어 일컬음.
- 投稿(투고): 원고를 신문사 등에 보냄.
- 脫穀(탈곡): 곡식의 낟알을 이삭에서 떨어냄.
- 稻作(도작): 벼농사.
- 積金(적금): 돈을 모아둠.
- 收穫(수확): 농작물을 거두어들임.
- 虎穴(호혈): 범이 사는 굴.
- 研究(연구): 원리를 깊이 조사하고 생각함.
- 空虛(공허): 텅 빔. 아무것도 없음.
- 衝突(충돌): 서로 맞부딪침.
- 學窓時節(학창시절): 학생으로 공부하던 시기.
- 窮極(궁극): 극도에 달함.
- 立志(입지): 뜻을 바르게 세움.
- 竝立(병립): 나란히 섬.
- 畢竟(필경): 마침내. 결국에는.

章	글 **장** 立부 6	章	立므丁	章	章					
童	아이 **동** 立부 7	童	立므乚	童	童					
端	끝 **단** 立부 9	端	立山帀	端	端					
競	다툴 **경** 立부 15	競	音儿音儿	競	競					
被	입을 **피** 衤부 5	被	衤丨𠃌又	被	被					
補	기울 **보** 衤부 7	補	衤丆行ㅋ	補	補					
裕	넉넉할 **유** 衤부 7	裕	衤父口	裕	裕					
複	겹칠 **복** 衤부 9	複	衤复攵	複	複					
竹	대 **죽** 竹부 0	竹	𠂉一丨	竹	竹					
笑	웃음 **소** 竹부 4	笑	𥫗二人	笑	笑					
符	부호 **부** 竹부 5	符	𥫗亻𠂤	符	符					
笛	피리 **적** 竹부 5	笛	𥫗丨ㅁ丰	笛	笛					
第	차례 **제** 竹부 5	第	𥫗𢆶丿	第	第					
答	대답 **답** 竹부 6	答	𥫗人ㅁ	答	答					
等	무리 **등** 竹부 6	等	𥫗工丁丶	等	等					

立 설 립 / 衤 옷의변 / 竹 대 죽

- 印章(인장):도장.
- 兒童(아동):어린이.
- 末端(말단):맨 끄트머리, 맨 아래.
- 競爭(경쟁):서로 겨루어 다툼.
- 被害(피해):해를 입음.
- 補充(보충):모자람을 보태어 채움.
- 富裕(부유):재물이 넉넉함.
- 複數(복수):둘 이상의 수.
- 竹筍(죽순):대나무의 어리고 연한 싹.
- 談笑(담소):웃으면서 이야기함.
- 符合(부합):서로 맞대어 붙음.
- 警笛(경적):주의 촉구를 위해 울리는 고동.
- 及第(급제):과거(시험)에 합격됨.
- 報答(보답):입은 혜택이나 은혜를 갚음.
- 等級(등급):높낮이의 차례.

부수		훈음								
竹 대 죽	策	꾀 **책** 竹부 6	策	竹ㄱ八	策	策				
	筆	붓 **필** 竹부 6	筆	竹⺕丨	筆	筆				
	管	대롱 **관** 주관할 관 竹부 8	管	竹宀吕	管	管				
	算	셈 **산** 竹부 8	算	竹目廾	算	算				
	範	법 **범** 竹부 9	範	竹車己	範	範				
	節	마디 **절** 竹부 9	節	竹艮卩	節	節				
	篇	책 **편** 竹부 9	篇	竹戶冊	篇	篇				
	篤	도타울 **독** 竹부 10	篤	竹馬灬	篤	篤				
	築	쌓을 **축** 竹부 10	築	筑工木	築	築				
	簡	대쪽 **간** 竹부 12	簡	竹門日	簡	簡				
	簿	문서 **부** 竹부 13	簿	竹氵寸	簿	簿				
	籍	문서 **적** 竹부 14	籍	竹耒昔	籍	籍				
米 쌀 미	米	쌀 **미** 米부 0	米	丷丨八	米	米				
	粉	가루 **분** 米부 4	粉	米八分	粉	粉				
	粟	조 **속** 米부 6	粟	覀木八	粟	粟				

- 計策(계책): 일을 처리할 계획과 꾀.
- 筆者(필자): 글쓴이.
- 主管(주관): 일을 주장하여 관리함.
- 計算(계산): 셈을 헤아림.
- 規範(규범): 법칙 또는 원리.
- 節約(절약): 아끼어 씀.
- 長篇(장편): 긴 글로 한 편을 이룬 글.
- 敦篤(돈독): 인정이 두터움.
- 築臺(축대): 높게 쌓아올린 대.
- 簡便(간편): 간단하고 편리함.
- 名簿(명부): 성명을 기록한 책.
- 書籍(서적): 책.
- 米穀(미곡): 쌀 또는 모든 곡식.
- 粉末(분말): 가루.
- 粟米(속미): 좁쌀.

千八百字 따라쓰기 95

粧	단장할 **장** 米부 6	粧		粧	粧			**米** 대 죽
精	정할 **정** 米부 8	精		精	精			
糖	엿 **당** 사탕 **탕** 米부 10	糖		糖	糖			
糧	양식 **량** 米부 12	糧		糧	糧			
系	이어맬 **계** 糸부 1	系		系	系			**糸** 실 사
紀	벼리 **기** 糸부 3	紀		紀	紀			
約	맺을 **약** 糸부 3	約		約	約			
紅	붉을 **홍** 糸부 3	紅		紅	紅			
級	등급 **급** 糸부 4	級		級	級			
納	들일 **납** 糸부 4	納		納	納			
紛	어지러울 **분** 糸부 4	紛		紛	紛			
索	찾을 **색** 새끼줄 **삭** 糸부 4	索		索	索			
素	본디 **소** 糸부 4	素		素	素			
純	순수할 **순** 糸부 4	純		純	純			
紙	종이 **지** 糸부 4	紙		紙	紙			

- 粧飾(장식) : 단장을 하여 꾸밈.
- 精誠(정성) : 참되고 성실한 마음.
- 糖分(당분) : 사탕질의 성분.
- 糧穀(양곡) : 양식으로 쓰이는 곡식.
- 體系(체계) : 계통있게 종합한 조직구성.
- 紀綱(기강) : 나라를 다스리는 법도.
- 契約(계약) : 약속. 약정.
- 紅顔(홍안) : 젊어 혈색이 좋은 얼굴.
- 進級(진급) : 등급·계급 따위가 오름.
- 完納(완납) : 모두 납부함.
- 紛爭(분쟁) : 엉클어져 다툼.
- 索出(색출) : 뒤지어 찾아냄.
- 素質(소질) : 본디부터 타고난 성질.
- 純粹(순수) : 잡것이 섞이지 아니 함.
- 紙面(지면) : 종이의 겉면.

糸
실 **사**

累	여러 자루 **루** 糸부 5	累	累 ㄠ 人	累	累			
細	가늘 **세** 糸부 5	細	糸 ㄇ ㄹ	細	細			
紫	자줏빛 **자** 糸부 5	紫	ㄴ ㄴ 糸	紫	紫			
組	짤 **조** 糸부 5	組	糸 ㄇ 三	組	組			
終	마칠 **종** 糸부 5	終	糸 夂 ;	終	終			
絃	줄 **현** 糸부 5	絃	糸 亠 厶	絃	絃			
結	맺을 **결** 糸부 6	結	糸 工 口	結	結			
給	줄 **급** 糸부 6	給	糸 人 豆	給	給			
絡	얽힐 **락** 糸부 6	絡	糸 夂 口	絡	絡			
絲	실 **사** 糸부 6	絲	糸 人 ㄠ 人	絲	絲			
絶	끊을 **절** 糸부 6	絶	糸 ㄴ	絶	絶			
統	거느릴 **통** 糸부 6	統	糸 云 儿	統	統			
絹	비단 **견** 糸부 7	絹	糸 口 月 =	絹	絹			
經	지날 **경** 글 **경** 糸부 7	經	糸 巠 工	經	經			
綱	벼리 **강** 糸부 8	綱	糸 ㄇ 岡	綱	綱			

- 累積(누적) : 포개어 쌓음.
- 細密(세밀) : 세세하고 꼼꼼함.
- 紫色(자색) : 자줏빛.
- 組閣(조각) : 내각을 조직함.
- 終結(종결) : 끝을 냄.

- 絃樂器(현악기) : 현을 켜서 소리를 내는 악기.
- 結果(결과) : 어떤 원인으로 인한 결말.
- 給料(급료) : 노력에 대한 보수.
- 籠絡(농락) : 교묘한 꾀로 사람을 놀림.
- 綿絲(면사) : 무명실.

- 絶望(절망) : 희망이 끊어짐.
- 統治(통치) : 도맡아 다스림.
- 絹織物(견직물) : 명주실로 짠 피륙.
- 經營(경영) : 계획을 세워 일을 해 나감.
- 綱領(강령) : 일의 으뜸되는 큰 줄거리.

糸
실 사

緊	긴할 **긴** 糸부 8	緊		緊	緊			
綠	푸를 **록** 糸부 8	綠		綠	綠			
綿	솜 **면** 糸부 8	綿		綿	綿			
維	벼리 **유** 糸부 8	維		維	維			
練	익힐 **련** 糸부 9	練		練	練			
緒	실마리 **서** 糸부 9	緒		緒	緒			
線	줄 **선** 糸부 9	線		線	線			
緣	인연 **연** 糸부 9	緣		緣	緣			
緩	느릴 **완** 糸부 9	緩		緩	緩			
緯	씨 **위** 糸부 9	緯		緯	緯			
編	엮을 **편** 糸부 9	編		編	編			
縣	고을 **현** 糸부 9	縣		縣	縣			
繁	번성할 **번** 糸부 11	繁		繁	繁			
績	길쌈할 **적** 糸부 11	績		績	績			
縱	세로 **종** 糸부 11	縱		縱	縱			

- 緊急(긴급): 매우 급하고 요긴한 일.
- 綠陰(녹음): 우거진 나무그늘.
- 綿織物(면직물): 면사로 짠 피륙.
- 維持(유지): 지탱하여 감.
- 練習(연습): 되풀이하여 익힘.
- 端緒(단서): 문제 해결의 실마리.
- 曲線(곡선): 굽은 선.
- 事緣(사연): 사정과 연유.
- 弛緩(이완): 풀리어 늦추어 짐.
- 緯度(위도): 지구 표면의 가로 좌표.
- 改編(개편): 고쳐서 다시 엮음.
- 郡縣(군현): 군과 현.
- 繁盛(번성): 형세가 불고 늘어남.
- 治積(치적): 잘 다스린 공적.
- 操縱(조종): 교묘하게 부림.

부수	한자	훈음							
糸 실 사	總	다 총 糸부 11	總	糸悤恐	總	總			
	縮	줄일 축 糸부 11	縮	糸宿宀	縮	縮			
	織	짤 직 糸부 12	織	糸音戈	織	織			
	繼	이을 계 糸부 14	繼	糸䜌乚	繼	繼			
	續	이을 속 糸부 15	續	糸工罒貝	續	續			
缶 장군부	缺	이지러질 결 缶부 4	缺	缶夬	缺	缺			
网 그물망	罔	없을 망 网부 3	罔	冂亡乚	罔	罔			
	罪	허물 죄 网부 8	罪	罒川三	罪	罪			
	置	둘 치 网부 8	置	罒直乚	置	置			
	罰	벌할 벌 网부 9	罰	罒言刂	罰	罰			
	署	마을 서 관청 서 网부 9	署	罒工日	署	署			
	罷	마칠 파 파할 파 网부 10	罷	罒能匕	罷	罷			
	羅	벌릴 라 网부 14	羅	罒糸隹	羅	羅			
羊 양 양	羊	양 양 羊부 0	羊	丷三丨	羊	羊			
	美	아름다울 미 羊부 3	美	䒑一人	美	美			

- 總額(총액): 전체의 액수.
- 伸縮(신축): 늘이고 줄임.
- 織物(직물): 온갖 피륙의 총칭.
- 繼續(계속): 끊이지 않고 늘 잇대어짐.
- 連續(연속): 잇달아 죽 계속됨.
- 缺席(결석): 출석하지 않음.
- 欺罔(기망): 남을 그럴듯하게 속임.
- 罪人(죄인): 죄를 범한 사람.
- 置重(치중): 어떤 일에 중점을 둠.
- 處罰(처벌): 위법행위에 대하여 고통을 줌.
- 署名(서명): 서류 따위에 이름을 적음.
- 罷免(파면): 직무를 그만두게 함.
- 網羅(망라): 모조리 휘몰아 들임.
- 羊毛(양모): 양의 털.
- 美談(미담): 아름다운 이야기.

群	무리 **군** 羊부 7	群	그ら兰]	群	群			
義	옳을 **의** 羊부 7	義	兰斗入、	義	義			
羽	깃 **우** 羽부 0	羽	刀ζ刀ζ	羽	羽			
翁	늙은이 **옹** 羽부 4	翁	公刀刀ζ	翁	翁			
習	익힐 **습** 羽부 5	習	刀刀乍二	習	習			
翼	날개 **익** 羽부 11	翼	刄刄翌契	翼	翼			
而	말이을 **이** 而부 0	而	一ア刀川	而	而			
耐	견딜 **내** 而부 3	耐	石门一、	耐	耐			
耕	갈 **경** 耒부 4	耕	三`╮三刂	耕	耕			
耳	귀 **이** 耳부 0	耳	三刂	耳	耳			
耶	어조사 **야** 耳부 3	耶	三了丨	耶	耶			
聘	부를 **빙** 耳부 7	聘	三1坒乃	聘	聘			
聖	성인 **성** 耳부 7	聖	三1口王	聖	聖			
聞	들을 **문** 耳부 8	聞	門门三丨	聞	聞			
聯	연이을 **련** 耳부 11	聯	三坒玄小⌐	聯	聯			

우측 세로 안내:
- 羊 양 양
- 羽 깃 우
- 而 말이을이
- 耒 쟁기뢰
- 耳 귀 이

- **群衆**(군중) : 무리 지어 모여있는 많은 사람.
- **義務**(의무) : 맡은 직분. 해야 할 일.
- **項羽壯士**(항우장사) : 힘이 아주 센 사람.
- **不倒翁**(부도옹) : 오뚝이.
- **習慣**(습관) : 버릇.
- **一翼**(일익) : 한쪽 부분. 한 구실.
- **似而非**(사이비) : 겉은 비슷하나 속은 다름.
- **忍耐**(인내) : 괴로움을 참고 견딤.
- **耕作**(경작) : 농사일을 함.
- **耳順**(이순) : 나이 예순을 일컬음.
- **有耶無耶**(유야무야) : 흐지부지한 모양.
- **聘丈**(빙장) : 빙부의 높임말. 장인.
- **聖域**(성역) : 신성한 장소.
- **新聞**(신문) : 새 소식을 전하는 간행물.
- **聯合**(연합) : 둘 이상의 사물이 합함.

부수	한자	훈음						
耳 귀 이	聲	소리 **성** 耳부 11	聲	士 殳 耳	聲	聲		
	聰	귀밝을 **총** 耳부 11	聰	耳 夕 心	聰	聰		
	職	직분 **직** 耳부 12	職	耳 音 戈	職	職		
	聽	들을 **청** 耳부 16	聽	耳 恵 心	聽	聽		
聿 붓 율	肅	엄숙할 **숙** 聿부 6	肅	ヨ 肀 州	肅	肅		
肉(⺼) 고기 육	肉	고기 **육** 肉부 0	肉	冂 仌	肉	肉		
	肝	간 **간** 肉부 3	肝	月 二 十	肝	肝		
	肖	닮을 **초** 같을 **초** 肉부 3	肖	八 月	肖	肖		
	肩	어깨 **견** 肉부 4	肩	戶 月	肩	肩		
	肯	수긍할 **긍** 즐길 **긍** 肉부 4	肯	止 月	肯	肯		
	肥	살찔 **비** 肉부 4	肥	月 コ 乚	肥	肥		
	育	기를 **육** 肉부 4	育	云 月	育	育		
	肺	허파 **폐** 肉부 4	肺	月 亠 巾	肺	肺		
	背	등 **배** 肉부 5	背	北 月	背	背		
	胃	밥통 **위** 肉부 5	胃	田 月	胃	胃		

- 名聲(명성) : 세상에 널리 떨친 이름.
- 聰氣(총기) : 총명한 기질.
- 職分(직분) : 마땅히 해야 할 본분.
- 聽覺(청각) : 소리를 듣는 감각.
- 肅淸(숙청) : 엄격히 다스려 깨끗함 함.
- 肉體(육체) : 사람의 몸.
- 肝膽(간담) : ① 간과 쓸개. ② 속마음.
- 不肖(불초) : 못난 자식.
- 兩肩(양견) : 양쪽 어깨.
- 首肯(수긍) : 그러하다고 고개를 끄덕임.
- 肥滿(비만) : 몸에 기름기가 많아 뚱뚱함.
- 育成(육성) : 길러서 자라게 함.
- 肺炎(폐렴) : 폐에 생기는 염증.
- 背景(배경) : 뒷 경치.
- 胃腸(위장) : 위와 창자.

肉(月) 고기육

胞	세포 **포** 肉부 5	胞	刀包乚	胞	胞				
胡	오랑캐 **호** 되 **호** 肉부 5	胡	丁口月=	胡	胡				
能	능할 **능** 肉부 6	能	介=匕乙	能	能				
脈	줄기 **맥** 肉부 6	脈	月=厂水	脈	脈				
脅	위협할 **협** 肉부 6	脅	刀刀刀月=	脅	脅				
胸	가슴 **흉** 肉부 6	胸	月=勹厶	胸	胸				
脚	다리 **각** 肉부 7	脚	月=去卩	脚	脚				
脣	입술 **순** 肉부 7	脣	厂辰月=	脣	脣				
脫	벗을 **탈** 肉부 7	脫	月=公儿	脫	脫				
腐	썩을 **부** 肉부 8	腐	宀丁肉	腐	腐				
腦	골 **뇌** 뇌수 **뇌** 肉부 9	腦	月巛一	腦	腦				
腹	배 **복** 肉부 9	腹	月=直夂	腹	腹				
腰	허리 **요** 肉부 9	腰	月=西女	腰	腰				
腸	창자 **장** 肉부 9	腸	月=旦勿	腸	腸				
膚	살갗 **부** 肉부 11	膚	虍胃	膚	膚				

- 僑胞(교포): 외국에 살고 있는 동포.
- 胡蝶(호접): 나비.
- 能力(능력): 일을 감당해 내는 힘.
- 命脈(명맥): 목숨을 이어가는 근본.
- 威脅(위협): 위력으로 으르고 협박함.
- 胸襟(흉금): 가슴 속에 품은 생각.
- 立脚(입각): 근거로 함.
- 丹脣皓齒(단순호치): 붉은 입술과 흰 이. 미인.
- 脫稿(탈고): 원고 쓰기를 끝냄.
- 腐敗(부패): 썩어 문드러짐.
- 腦出血(뇌출혈): 뇌 속에 출혈하는 병.
- 腹痛(복통): 배가 아픈 병.
- 腰痛(요통): 허리가 아픈 병.
- 大腸(대장): 큰 창자.
- 身體髮膚(신체발부): 몸. 머리나 피부.

부수	漢字	훈음						
肉(月) 고기 육	臟	오장 **장** 肉부 18	臟			臟	臟	
臣 신하 신	臣	신하 **신** 臣부 0	臣			臣	臣	
	臥	누울 **와** 臣부 2	臥			臥	臥	
	臨	임할 **림** 臣부 11	臨			臨	臨	
自 스스로 자	自	스스로 **자** 自부 0	自			自	自	
	臭	냄새 **취** 自부 4	臭			臭	臭	
至 이를 지	至	이를 **지** 至부 0	至			至	至	
	致	이를 **치** 至부 4	致			致	致	
	臺	대 **대** 至부 8	臺			臺	臺	
臼 절구 구	與	줄 **여** 더불 **여** 臼부 7	與			與	與	
	興	일 **흥** 臼부 9	興			興	興	
	舊	예 **구** 臼부 12	舊			舊	舊	
舌 혀 설	舌	혀 **설** 舌부 0	舌			舌	舌	
	舍	집 **사** 舌부 2	舍			舍	舍	
舛 어그러질 천	舞	춤출 **무** 舛부 8	舞			舞	舞	

- 臟器(장기): 내장의 여러 기관.
- 奸臣(간신): 간악한 신하.
- 臥病(와병): 병으로 누움.
- 臨戰(임전): 싸움터에 나아감.
- 自古(자고): 예로부터.

- 惡臭(악취): 불쾌한 냄새.
- 至誠(지성): 지극한 정성.
- 招致(초치): 불러서 오게 함.
- 舞臺(무대): 연기 따위의 발표 장소.
- 參與(참여): 참가하여 관계함.

- 興奮(흥분): 감정이 복받쳐 일어남.
- 舊習(구습): 옛 풍습이나 관습.
- 舌戰(설전): 말다툼.
- 舍監(사감): 기숙사의 감독자.
- 鼓舞(고무): 격려하여 기세를 돋움.

舟	배 **주** 舟부 0	舟	舟 氵一	舟	舟					舟 배 주
般	가지 **반** 일반 **반** 舟부 4	般	舟 一殳	般	般					
航	배 **항** 舟부 4	航	舟 氵亢	航	航					
船	배 **선** 舟부 5	船	舟 氵沿	船	船					
良	어질 **량** 艮부 1	良	彐ㄴ人	良	良					艮 그칠간
色	빛 **색** 色부 0	色	幺ㄴ	色	色					
虎	범 **호** 虍부 2	虎	丨ㅌ几	虎	虎					虍 범 호
處	곳 **처** 虍부 5	處	声夂	處	處					
虛	빌 **허** 虍부 6	虛	声业	虛	虛					
號	이름 **호** 虍부 7	號	号 虎	號	號					
蛇	긴뱀 **사** 虫부 5	蛇	虫宀	蛇	蛇					虫 벌레충
蜂	벌 **봉** 虫부 7	蜂	虫夂丰	蜂	蜂					
蜜	꿀 **밀** 虫부 8	蜜	宓虫	蜜	蜜					
蝶	나비 **접** 虫부 9	蝶	虫枼	蝶	蝶					
螢	반딧불 **형** 虫부 10	螢	炏冖虫	螢	螢					

- **一葉片舟**(일엽편주) : 하나의 작은 조각배.
- **諸般**(제반) : 모든 것, 여러 가지.
- **航路**(항로) : 배나 비행기가 다니는 길.
- **船積**(선적) : 선박에 화물을 적재함.
- **良書**(양서) : 유익하고 좋은 책.
- **氣色**(기색) : 얼굴에 나타나는 빛.
- **虎皮**(호피) : 털이 붙은 범의 가죽.
- **處地**(처지) : 자기가 처해 있는 환경.
- **虛勢**(허세) : 실상이 없는 기세.
- **符號**(부호) : 어떤 뜻을 나타내는 기호.
- **毒蛇**(독사) : 독기가 있는 뱀.
- **養蜂**(양봉) : 꿀을 뜨기 위해 벌을 침.
- **密語**(밀어) : 달콤한 말.
- **蝶泳**(접영) : 버터플라이.
- **螢光**(형광) : 반딧불.

	虫 벌레충	蟲	벌레 **충** 虫부 12	蟲				蟲	蟲				
		蠶	누에 **잠** 虫부 18	蠶				蠶	蠶				
		蠻	오랑캐 **만** 虫부 19	蠻				蠻	蠻				
	血 피혈	血	피 **혈** 血부 0	血				血	血				
		衆	무리 **중** 血부 6	衆				衆	衆				
	行 다닐행	行	다닐 **행** 항렬 **항** 行부 0	行				行	行				
		術	재주 **술** 行부 5	術				術	術				
		街	거리 **가** 行부 6	街				街	街				
		衝	찌를 **충** 行부 9	衝				衝	衝				
		衛	지킬 **위** 行부 10	衛				衛	衛				
	衣 옷의	衣	옷 **의** 衣부 0	衣				衣	衣				
		表	겉 **표** 衣부 3	表				表	表				
		衰	쇠할 **쇠** 衣부 4	衰				衰	衰				
		裂	찢어질 **렬** 衣부 6	裂				裂	裂				
		裁	옷마를 **재** 衣부 6	裁				裁	裁				

- **蟲齒**(충치): 벌레 먹은 이.
- **養蠶業**(양잠업): 누에를 치는 직업.
- **蠻行**(만행): 야만스러운 행동.
- **血眼**(혈안): 기를 쓰고 덤벼 충혈된 눈.
- **出衆**(출중): 뭇 사람 속에서 뛰어남.
- **行事**(행사): 어떤 일을 행함. 또 그 일.
- **話術**(화술): 말하는 솜씨.
- **商街**(상가): 가게가 죽 늘어서 있는 거리.
- **衝動**(충동): 들쑤셔 움직이게 함.
- **護衛**(호위): 따라다니며 보호하여 지킴.
- **衣類**(의류): 옷 등의 총칭.
- **表明**(표명): 드러내어 명백히 함.
- **老衰**(노쇠): 늙고 쇠약함.
- **分裂**(분열): 찢어져 갈라짐.
- **裁可**(재가): 안건을 결재하여 허가함.

한자	훈음								
裏	속 **리** 衣부 7	裏		裏	裏				衣 옷 의
裝	꾸밀 **장** 衣부 7	裝		裝	裝				
裳	치마 **상** 衣부 8	裳		裳	裳				
製	지을 **제** 衣부 8	製		製	製				
襲	엄습할 **습** 衣부 16	襲		襲	襲				
西	서녘 **서** 两부 0	西		西	西				两 덮을아
要	요긴할 **요** 两부 3	要		要	要				
見	볼 **견** 뵈올 **현** 見부 0	見		見	見				見 볼 견
規	법 **규** 見부 4	規		規	規				
視	볼 **시** 見부 5	視		視	視				
親	친할 **친** 見부 9	親		親	親				
覺	깨달을 **각** 見부 13	覺		覺	覺				
覽	볼 **람** 見부 14	覽		覽	覽				
觀	볼 **관** 見부 18	觀		觀	觀				
角	뿔 **각** 角부 0	角		角	角				角 뿔 각

· 裏面(이면): 속. 안. 내부의 사실.
· 裝着(장착): 기구, 장비 등을 붙임.
· 綠衣紅裳(녹의홍상): 연두저고리에 다홍치마.
· 製藥(제약): 약을 제조함.
· 被襲(피습): 습격을 당함.
· 西岸(서안): 서쪽 연안.
· 要求(요구): 강력히 청하여 구함.
· 意見(의견): 마음에 느낀 바 생각.
· 規制(규제): 규율을 세워 제한함.
· 視力(시력): 눈으로 보는 힘.
· 親書(친서): 친히 글씨를 씀.
· 味覺(미각): 맛을 느끼는 감각.
· 觀覽(관람): 구경함.
· 美觀(미관): 아름다운 광경.
· 頭角(두각): 두드러진 학식이나 재능.

부수	漢字	훈음							
角 뿔 각	解	풀 **해** 角부 6	解	角 깐	解	解			
	觸	닿을 **촉** 角부 13	觸		觸	觸			
言 말씀언	言	말씀 **언** 言부 0	言		言	言			
	計	셀 **계** 言부 2	計		計	計			
	訂	바로잡을 **정** 言부 2	訂		訂	訂			
	記	기록할 **기** 言부 3	記		記	記			
	討	칠 **토** 言부 3	討		討	討			
	訓	가르칠 **훈** 言부 3	訓		訓	訓			
	訪	찾을 **방** 言부 4	訪		訪	訪			
	設	베풀 **설** 言부 4	設		設	設			
	訟	송사할 **송** 言부 4	訟		訟	訟			
	許	허락 **허** 言부 4	許		許	許			
	詐	속일 **사** 言부 5	詐		詐	詐			
	詞	말/글 **사** 言부 5	詞		詞	詞			
	訴	하소연할 **소** 言부 5	訴		訴	訴			

- **解散**(해산): 사람들이 흩어짐.
- **觸感**(촉감): 피부에 닿는 느낌.
- **言及**(언급): 어떤 일에 대해서 말함.
- **設計**(설계): 계획을 세움.
- **修訂**(수정): 서적 등의 잘못을 고침.
- **手記**(수기): 체험을 손수 적음.
- **討伐**(토벌): 군대로써 도둑의 무리를 침.
- **訓練**(훈련): 가르쳐서 어떤 일을 익힘.
- **訪問**(방문): 남을 찾아 봄.
- **設立**(설립): 만들어 세움.
- **訴訟**(소송): 재판을 걺.
- **許容**(허용): 허락하고 용납함.
- **詐欺**(사기): 거짓말을 하여 남을 속이는 것.
- **名詞**(명사): 사물의 이름을 나타내는 말.
- **敗訴**(패소): 소송에 짐.

言
말씀언

詠	읊을 **영** 言부 5	詠	言永	詠	詠			
評	평할 **평** 言부 5	評	言平	評	評			
誇	자랑할 **과** 言부 6	誇	言夸	誇	誇			
詳	자세할 **상** 言부 6	詳	言羊	詳	詳			
詩	시 **시** 言부 6	詩	言寺	詩	詩			
試	시험할 **시** 言부 6	試	言式	試	試			
該	그 **해** 言부 6	該	言亥	該	該			
話	말씀 **화** 言부 6	話	言舌	話	話			
說	말씀 **설** 달랠 **세** 言부 7	說	言兌	說	說			
誠	정성 **성** 言부 7	誠	言成	誠	誠			
誦	욀 **송** 言부 7	誦	言甬	誦	誦			
語	말씀 **어** 言부 7	語	言吾	語	語			
誤	그르칠 **오** 言부 7	誤	言吳	誤	誤			
誘	꾈 **유** 言부 7	誘	言秀	誘	誘			
認	일 **인** 言부 7	認	言忍	認	認			

- 詠歎(영탄): 감동하여 찬탄함.
- 評價(평가): 물건의 값을 정함.
- 誇示(과시): 뽐내어 보임.
- 詳細(상세): 자상하고 세밀함.
- 詩歌(시가): 시와 노래.
- 應試(응시): 시험에 응함.
- 該當(해당): 바로 들어맞음.
- 話題(화제): 이야기 거리.
- 說敎(설교): 종교의 교리를 설명함.
- 至誠(지성): 지극한 정성.
- 朗誦(낭송): 소리를 내어 글을 욈.
- 俗語(속어): 통속적으로 쓰이는 저속한 말.
- 誤謬(오류): 잘못됨.
- 勸誘(권유): 어떤 일을 하도록 권함.
- 確認(확인): 확실히 알아봄.

言
말씀언

誌	기록할 **지** 言부 7	誌	言工心、	誌	誌			
課	과할 **과** 言부 8	課	言旦人	課	課			
談	말씀 **담** 言부 8	談	言炎	談	談			
諒	살펴알 **량** 믿을 **량** 言부 8	諒	言亠人	諒	諒			
論	논할 **론** 言부 8	論	言今冊	論	論			
誰	누구 **수** 言부 8	誰	言亻三	誰	誰			
調	고를 **조** 言부 8	調	言門吅	調	調			
請	청할 **청** 言부 8	請	言크月=	請	請			
諾	허락할 **낙** 言부 9	諾	言艹右口	諾	諾			
謀	꾀할 **모** 言부 9	謀	言旦八	謀	謀			
謁	뵐 **알** 言부 9	謁	言日勹乚	謁	謁			
謂	이를 **위** 言부 9	謂	言田月=	謂	謂			
諸	모두 **제** 言부 9	諸	言土白、	諸	諸			
講	욀 **강** 言부 10	講	言丰冊二	講	講			
謙	겸손할 **겸** 言부 10	謙	言彐八、	謙	謙			

• 本誌(본지): 자기가 관계하고 있는 이 잡지.
• 課稅(과세): 세금을 매김.
• 會談(회담): 여럿이 모여 담론함.
• 諒解(양해): 헤아려 이해함.
• 序論(서론): 머리말이 되는 논설.

• 誰何(수하): 누구.
• 調和(조화): 서로 잘 어울림.
• 請託(청탁): 사사로운 일을 부탁함.
• 承諾(승낙): 청하는 바를 들어 줌.
• 謀反(모반): 국가를 전복할 것을 꾀함.

• 拜謁(배알): 절하고 뵘.
• 所謂(소위): 이른바.
• 諸君(제군): 여러분.
• 講師(강사): 강의·강연하는 사람.
• 謙讓(겸양): 겸손한 태도로 사양함.

謝	사례할 **사** 言부 10	謝			謝	謝			
謠	노래 **요** 言부 10	謠			謠	謠			
謹	삼갈 **근** 言부 11	謹			謹	謹			
識	알 **식** 기록할 **지** 言부 12	識			識	識			
證	증거 **증** 言부 12	證			證	證			
譜	족보 **보** 言부 13	譜			譜	譜			
警	깨우칠 **경** 言부 13	警			警	警			
譯	번역할 **역** 言부 13	譯			譯	譯			
議	의논할 **의** 言부 13	議			議	議			
譽	명예 **예** 기릴 **예** 言부 14	譽			譽	譽			
護	도울 **호** 言부 14	護			護	護			
讀	읽을 **독** 言부 15	讀			讀	讀			
變	변할 **변** 言부 16	變			變	變			
讓	사양할 **양** 言부 17	讓			讓	讓			
讚	기릴 **찬** 言부 19	讚			讚	讚			

言 말씀언

- 感謝(감사): 고맙게 여김.
- 歌謠(가요): 악가와 속요.
- 謹嚴(근엄): 점잖고 엄함.
- 常識(상식): 일반적으로 알아야 할 지식.
- 證據(증거): 증명할 수 있는 근거.
- 族譜(족보): 한 족속의 계보를 적은 책.
- 警告(경고): 주의하라고 경계하며 알림.
- 譯者(역자): 번역한 사람.
- 會議(회의): 여럿이 모여 의논함.
- 榮譽(영예): 영광스러운 명예.
- 保護(보호): 보전하여 호위함.
- 讀破(독파): 끝까지 다 읽음.
- 變化(변화): 사물의 형상, 성질 등이 달라짐.
- 讓步(양보): 사양하여 남에게 미루어 줌.
- 稱讚(칭찬): 좋은 점을 일컬어 기림.

부수	한자	훈음							
谷 골 곡	谷	골 **곡** 谷부 0	谷			谷	谷		
豆 콩 두	豆	콩 **두** 豆부 0	豆			豆	豆		
	豈	어찌 **기** 豆부 3	豈			豈	豈		
	豊	풍년 **풍** 豆부 6	豊			豊	豊		
豕 돼지시	豚	돼지 **돈** 豕부 4	豚			豚	豚		
	象	코끼리 **상** 豕부 5	象			象	象		
	豪	호걸 **호** 豕부 7	豪			豪	豪		
	豫	미리 **예** 豕부 9	豫			豫	豫		
豸 해태치	貌	모양 **모** 豸부 7	貌			貌	貌		
貝 조개패	貝	조개 **패** 貝부 0	貝			貝	貝		
	負	질 **부** 貝부 2	負			負	負		
	貞	곧을 **정** 貝부 2	貞			貞	貞		
	貢	바칠 **공** 貝부 3	貢			貢	貢		
	財	재물 **재** 貝부 3	財			財	財		
	貫	꿸 **관** 貝부 4	貫			貫	貫		

- 谷風(곡풍) : 골짜기에 이는 바람.
- 豆乳(두유) : 진한 콩국.
- 豈敢(기감) : 어찌 감히…하랴?
- 豊富(풍부) : 넉넉하고 많음.
- 豚肉(돈육) : 돼지고기.
- 象牙(상아) : 코끼리의 어금니.
- 豪雨(호우) : 줄기차게 내리는 비.
- 豫告(예고) : 미리 알려줌.
- 貌樣(모양) : 됨됨이. 생김새. 형상.
- 貝類(패류) : 조개의 종류. 조개류.
- 負債(부채) : 빚. 또는 빚을 짐.
- 貞操(정조) : 부녀의 깨끗한 절개.
- 貢獻(공헌) : 국가, 사회를 위하여 이바지함.
- 蓄財(축재) : 재물(財物)을 모아둠.
- 貫通(관통) : 꿰뚫어 통함.

貝 조개패

貧	가난할 **빈** 貝부 4					
責	꾸짖을 **책** 貝부 4					
貪	탐낼 **탐** 貝부 4					
販	팔 **판** 貝부 4					
貨	재물 **화** 貝부 4					
貴	귀할 **귀** 貝부 5					
貸	빌릴 **대** 貝부 5					
買	살 **매** 貝부 5					
貿	무역할 **무** 貝부 5					
費	쓸 **비** 貝부 5					
貳	갖은두 **이이** 貝부 5					
貯	쌓을 **저** 貝부 5					
賀	하례할 **하** 貝부 5					
賃	품삯 **임** 貝부 6					
資	재물 **자** 貝부 6					

· 貧弱(빈약) : 가난하고 약함. 보잘 것 없음.
· 責望(책망) : 허물을 꾸짖음.
· 貪慾(탐욕) : 사물을 지나치게 탐내는 욕심.
· 販路(판로) : 상품이 팔리는 방면.
· 雜貨(잡화) : 벌여 놓은 온갖 상품.

· 貴賓(귀빈) : 귀한 손님.
· 賃貸(임대) : 삯을 받고 물건을 빌려줌.
· 賣買(매매) : 팔고 사는 일.
· 貿易國(무역국) : 서로 무역을 하는 나라.
· 費用(비용) : 쓰이는 돈. 드는 돈.

· 貳車(이거) : 여벌로 따라가는 수레.
· 貯蓄(저축) : 절약하여 모아둠.
· 賀客(하객) : 축하하러 온 손님.
· 勞賃(노임) : 노동에 대한 보수.
· 資本(자본) : 사업의 기본이 되는 돈.

貝 조개패	賊	도둑 **적** 貝부 6							
	賓	손 **빈** 貝부 7							
	賣	팔 **매** 貝부 8							
	賦	부세 **부** 貝부 8							
	賜	줄 **사** 貝부 8							
	賞	상줄 **상** 貝부 8							
	質	바탕 **질** 貝부 8							
	賤	천할 **천** 貝부 8							
	賢	어질 **현** 貝부 8							
	賴	의뢰할 **뢰** 貝부 9							
	贈	줄 **증** 貝부 12							
	贊	도울 **찬** 貝부 12							
赤 붉을적	赤	붉을 **적** 赤부 0							
走 달릴주	走	달릴 **주** 走부 0							
	赴	갈 **부** 走부 2							

·逆賊(역적): 주군에 반역하는 적도.
·來賓(내빈): 공식으로 찾아온 손님.
·賣渡(매도): 팔아 넘김.
·賦稅(부세): 세금액을 매겨서 거둠.
·膳賜(선사): 호의로 남에게 선물하는 일.

·賞狀(상장): 상으로 주는 증서.
·質問(질문): 모르거나 의심나는 것을 물음.
·賤待(천대): 업신여겨 푸대접함.
·賢良(현량): 어질고 착함.
·依賴(의뢰): 남에게 부탁함.

·寄贈(기증): 물건을 선물로 보냄.
·贊成(찬성): 타인의 의견에 동의함.
·赤色(적색): 붉은 빛깔.
·逃走(도주): 피하거나 쫓겨 달아남.
·赴任(부임): 임지로 감.

起	일어날 **기** 走부 3	起	走人己	起	起				走 달릴주
越	넘을 **월** 走부 5	越	走人氏ノ	越	越				
超	뛰어넘을 **초** 走부 5	超	走人刀口	超	超				
趣	뜻 **취** 走부 8	趣	走人耳又	趣	趣				
足	발 **족** 足부 0	足	口丶人	足	足				足 발 족
距	상거할 **거** 足부 5	距	足ノ亅르	距	距				
跳	뛸 **도** 足부 6	跳	足ノ兆乀	跳	跳				
路	길 **로** 足부 6	路	足夂口	路	路				
跡	발자취 **적** 足부 6	跡	足亦八	跡	跡				
踏	밟을 **답** 足부 8	踏	足氺曰	踏	踏				
踐	밟을 **천** 足부 8	踐	足戈戈	踐	踐				
蹟	자취 **적** 足부 11	蹟	足丰旦丶	蹟	蹟				
身	몸 **신** 身부 0	身	白三ノ	身	身				身 몸 신
車	수레 **차** 수레 **거** 車부 0	車	曰一亅	車	車				車 수레거
軍	군사 **군** 車부 2	軍	冖車亅	軍	軍				

·起因(기인): 일이 일어나는 원인.
·越冬(월동): 겨울을 넘김.
·超過(초과): 일정한 한도를 넘음.
·趣旨(취지): 근본의 목적이 되는 뜻.
·手足(수족): 손과 발.

·距離(거리): 서로 떨어진 정도.
·跳躍(도약): 뛰어오름. 훌쩍 뜀.
·行路(행로): 한길. 세상살이.
·人跡(인적): 사람의 발자취.
·踏步(답보): 제자리걸음.

·實踐(실천): 실제로 이행함.
·史蹟(사적): 역사적인 고적.
·身邊(신변): 몸이나 몸의 주위.
·車票(차표): 차를 탈 수 있는 표.
·行軍(행군): 줄을 지어 걸어감.

車 수레거								
軒	집 **헌** 車부 3	軒	車一二1	軒	軒			
軟	연할 **연** 車부 4	軟	車夕ㆍ	軟	軟			
較	견줄 **교** 車부 6	較	車亠ㆍ	較	較			
載	실을 **재** 車부 6	載	二車人ㆍ	載	載			
輕	가벼울 **경** 車부 7	輕	車1巛土	輕	輕			
輪	바퀴 **륜** 車부 8	輪	車1合ㅠ	輪	輪			
輩	무리 **배** 車부 8	輩	非車丁	輩	輩			
輝	빛날 **휘** 車부 8	輝	光車1	輝	輝			
輸	보낼 **수** 車부 9	輸	車1合巛	輸	輸			
輿	수레 **여** 車부 10	輿	車12八	輿	輿			
轉	구를 **전** 車부 11	轉	車1車亐ㆍ	轉	轉			
辛 매울신								
辛	매울 **신** 辛부 0	辛	立一1	辛	辛			
辨	분별할 **변** 辛부 9	辨	立刂立1	辨	辨			
辭	말씀 **사** 辛부 12	辭	爭厶立1	辭	辭			
辯	말씀 **변** 辛부 14	辯	立1言立1	辯	辯			

- 軒燈(헌등): 처마 끝에 다는 등.
- 軟弱(연약): 연하고 약함.
- 比較(비교): 서로 견주어 봄.
- 記載(기재): 기록하여 실음.
- 輕蔑(경멸): 깔보고 업신여김.
- 輪廓(윤곽): 대체적인 모양.
- 輩出(배출): 연달아 많이 나옴.
- 光輝(광휘): 환한 빛.
- 輸入(수입): 실어서 들여옴.
- 輿論(여론): 사회 대중의 공통된 의견.
- 轉補(전보): 다른 자리로 임용됨.
- 辛勝(신승): 간신히 이김.
- 辨證(변증): 논변하여 증명함.
- 言辭(언사): 말·말씨.
- 辯論(변론): 옳고 그름을 따짐.

한자	훈음									색인
辰	별 진 때 진 辰부 0	辰	辰	辰	辰					辰 별 진
辱	욕될 욕 辰부 3	辱	辱	辱	辱					
農	농사 농 辰부 6	農	農	農	農					
邑	고을 읍 邑부 0	邑	邑	邑	邑					邑 고을읍
酉	닭 유 酉부 0	酉	酉	酉	酉					酉 닭 유
配	나눌 배 짝 배 酉부 3	配	配	配	配					
酌	술부을 작 酉부 3	酌	酌	酌	酌					
酒	술 주 酉부 3	酒	酒	酒	酒					
酸	실 산 酉부 7	酸	酸	酸	酸					
醉	취할 취 酉부 8	醉	醉	醉	醉					
醜	추할 추 酉부 10	醜	醜	醜	醜					
醫	의원 의 酉부 11	醫	醫	醫	醫					
釋	풀 석 釆부 13	釋	釋	釋	釋					釆 나눌변
里	마을 리 里부 0	里	里	里	里					里 마을리
重	무거울 중 里부 2	重	重	重	重					

- 日辰(일진) : 날의 간지.
- 辱說(욕설) : 남의 명예를 더럽히는 말.
- 農藥(농약) : 해충 방제에 쓰이는 살균제.
- 邑長(읍장) : 읍의 우두머리.
- 酉時(유시) : 하오 5시부터 7시 사이.
- 配給(배급) : 분배하여 공급함.
- 對酌(대작) : 마주 대하여 술을 마심.
- 酒量(주량) : 술을 마시는 분량.
- 酸性(산성) : 산을 띤 성질.
- 醉中(취중) : 술에 취한 동안.
- 醜男(추남) : 얼굴이 못생긴 남자.
- 醫療(의료) : 병을 치료함.
- 解釋(해석) : 뜻을 풀어 설명함.
- 鄕里(향리) : 나서 자라난 고향마을.
- 重要(중요) : 매우 귀중하고 종요로움.

里 마을리	野	들 **야** 里부 4	野	里了 了		野	野				
	量	헤아릴 **량** 里부 5	量	呈 呈		量	量				
金 쇠 금	金	쇠 성 **금 김** 金부 0	金	人 三		金	金				
	針	바늘 **침** 金부 2	針	剑 一丨		針	針				
	鈍	둔할 **둔** 金부 4	鈍	剑 屯		鈍	鈍				
	鉛	납 **연** 金부 5	鉛	剑 几口		鉛	鉛				
	銅	구리 **동** 金부 6	銅	剑 門口		銅	銅				
	銘	새길 **명** 金부 6	銘	剑 夕口		銘	銘				
	銀	은 **은** 金부 6	銀	剑 コ氏		銀	銀				
	銃	총 **총** 金부 6	銃	剑 云儿		銃	銃				
	銳	날카로울 **예** 金부 7	銳	剑 兑儿		銳	銳				
	鋼	강철 **강** 金부 8	鋼	剑 門益		鋼	鋼				
	錦	비단 **금** 金부 8	錦	剑 白巾		錦	錦				
	錄	기록할 **록** 金부 8	錄	剑 ヨベ		錄	錄				
	錢	돈 **전** 金부 8	錢	剑 戔 、		錢	錢				

· 野黨(야당) : 정권을 잡지 못한 정당.
· 計量(계량) : 분량을 잼.
· 募金(모금) : 기부금 따위를 모집함.
· 方針(방침) : 앞으로 일을 할 방향과 계획.
· 鈍感(둔감) : 감각이 둔함.

· 黑鉛(흑연) : 순수한 탄소로 된 판상 결정.
· 銅管(동관) : 구리로 만든 관.
· 銘心(명심) : 마음속에 새기어 둠.
· 銀幕(은막) : 영화계.
· 銃聲(총성) : 총소리.

· 銳敏(예민) : 감각이 날카롭고 민첩함.
· 鐵鋼(철강) : 강철.
· 錦上添花(금상첨화) : 비단 위에 꽃을 더함.
· 記錄(기록) : 사실을 적은 서류.
· 錢主(전주) : 사업에 밑천을 대어주는 사람.

錯	어긋날 **착** 金부 8	錯	쉰ㅍㅁ	錯	錯					**金** 쇠 금
鍊	쇠불릴 **련** 단련할 **련** 金부 9	鍊	쉰ㅛ人	鍊	鍊					
鎖	쇠사슬 **쇄** 金부 10	鎖	쉰ㅺㅿ	鎖	鎖					
鎭	진압할 **진** 金부 10	鎭	쉰ㅌㅅ	鎭	鎭					
鏡	거울 **경** 金부 11	鏡	쉰立兄	鏡	鏡					
鐘	쇠북 **종** 金부 12	鐘	쉰立里	鐘	鐘					
鐵	쇠 **철** 金부 13	鐵	釒吾戈	鐵	鐵					
鑑	거울 **감** 金부 14	鑑	쉰臣彑	鑑	鑑					
鑛	쇳돌 **광** 金부 15	鑛	釒广黃	鑛	鑛					
長	긴 **장** 長부 0	長	三ㄴ人	長	長					**長** 긴 장
門	문 **문** 門부 0	門	𠂉門了二	門	門					**門** 문 문
閉	닫을 **폐** 門부 3	閉	𠂉門了二丁	閉	閉					
間	사이 **간** 門부 4	間	𠂉門了二日	間	間					
開	열 **개** 門부 4	開	𠂉門了二开	開	開					
閏	윤날 **윤** 門부 4	閏	𠂉門了王	閏	閏					

- 錯覺(착각): 잘못 인식함.
- 鍊磨(연마): 단련하고 갈음.
- 鎖國(쇄국): 외국과의 교역을 봉쇄함.
- 鎭壓(진압): 진정시켜 억누름.
- 色眼鏡(색안경): 색유리를 낀 안경.
- 鐘樓(종루): 종을 달아두는 누각.
- 鐵壁(철벽): 매우 튼튼한 방비.
- 鑑賞(감상): 예술작품을 깊이 음미함.
- 炭鑛(탄광): 석탄을 캐어 내는 광.
- 長點(장점): 좋은 점.
- 門前成市(문전성시): 찾아오는 사람이 많음.
- 閉鎖(폐쇄): 문을 굳게 닫음.
- 近間(근간): 요사이.
- 開講(개강): 강의·강좌 따위를 시작함.
- 閏年(윤년): 윤달이 드는 해.

部首	한자	훈음						
門 문 문	閑	한가할 **한** 門부 4	閑			閑	閑	
	閣	집 **각** 門부 6	閣			閣	閣	
	閨	안방 **규** 門부 6	閨			閨	閨	
	關	관계할 **관** 門부 11	關			關	關	
佳 새 추	雅	맑을 **아** 佳부 4	雅			雅	雅	
	雄	수컷 **웅** 佳부 4	雄			雄	雄	
	集	모을 **집** 佳부 4	集			集	集	
	雌	암컷 **자** 佳부 5	雌			雌	雌	
	雖	비록 **수** 佳녀 9	雖			雖	雖	
	雙	둘 **쌍** 佳부 10	雙			雙	雙	
	雜	섞일 **잡** 佳부 10	雜			雜	雜	
	難	어려울 **난** 佳부 11	難			難	難	
	離	떠날 **리** 佳부 11	離			離	離	
雨 비 우	雨	비 **우** 雨부 0	雨			雨	雨	
	雪	눈 **설** 雨부 3	雪			雪	雪	

· 閑暇(한가) : 겨를이 있어 여유 있음.
· 入閣(입각) : 내각 조직의 한사람이 됨.
· 閨房(규방) : 부녀자가 거처하는 방.
· 關鍵(관건) : 사물의 중요한 곳.
· 雅量(아량) : 깊고 너그러운 도량.

· 雄志(웅지) : 웅대한 뜻. 큰 뜻.
· 結集(결집) : 한데 모여 뭉침.
· 雌雄(자웅) : ①암수. ②승부의 비유.
· 雖然(수연) : 비록~라 할 지라도
· 雙璧(쌍벽) : 여럿 중 특히 뛰어난 둘.

· 混雜(혼잡) : 한데 뒤섞여 분잡함.
· 難處(난처) : 처지가 곤란함.
· 離別(이별) : 서로 갈려 떨어짐.
· 暴雨(폭우) : 갑자기 많이 쏟아지는 비.
· 瑞雪(서설) : 상서로운 눈.

雲	구름 **운** 雨부 4	雲			雲	雲		
零	떨어질 **령** 雨부 5	零			零	零		
雷	우뢰 **뢰** 雨부 5	雷			雷	雷		
電	번개 **전** 雨부 5	電			電	電		
需	구할 **수** 雨부 6	需			需	需		
霜	서리 **상** 雨부 9	霜			霜	霜		
霧	안개 **무** 雨부 11	霧			霧	霧		
露	이슬 **로** 雨부 12	露			露	露		
靈	신령 **령** 雨부 16	靈			靈	靈		
靑	푸를 **청** 靑부 0	靑			靑	靑		
靜	고요할 **정** 靑부 8	靜			靜	靜		
非	아닐 **비** 非부 0	非			非	非		
面	낯 **면** 面부 0	面			面	面		
革	가죽 **혁** 革부 0	革			革	革		
韓	한국/성 **한** 韋부 8	韓			韓	韓		

오른쪽 부수: 雨 비 우 / 靑 푸를청 / 非 아닐비 / 面 낯 면 / 革 가죽혁 / 韋 가죽위

· 雲集(운집): 구름처럼 많이 모임.
· 零點(영점): 특정 점수가 없음.
· 落雷(낙뢰): 벼락이 떨어짐.
· 節電型(절전형): 전기를 절약하는 형태.
· 需給(수급): 수요와 공급.
· 星霜(성상): 일년 동안의 세월.
· 濃霧(농무): 짙은 안개.
· 露出(노출): 밖으로 드러나거나 드러냄.
· 靈魂(영혼): 죽은 사람의 넋.
· 靑春(청춘): 젊은 나이.
· 靜寂(정적): 고요하여 괴괴함.
· 非理(비리): 도리가 아님.
· 面識(면식): 얼굴을 서로 앎.
· 改革(개혁): 새롭게 뜯어 고침.
· 訪韓(방한): 한국을 방문함.

部首	漢字	訓音	쓰기	획순				
音 소리음	音	소리 **음** 音부 0	音	立刀二	音	音		
	韻	운 **운** 音부 10	韻	立曰口彐	韻	韻		
	響	울릴 **향** 音부 13	響	纟阝立曰	響	響		
頁 머리혈	頃	잠깐 **경** 이랑 경 頁부 2	頃	匕丆彐丶	頃	頃		
	頂	정수리 **정** 頁부 2	頂	丁丆彐丶	頂	頂		
	須	모름지기 **수** 頁부 3	須	彡丆彐丶	須	須		
	順	순할 **순** 頁부 3	順	川丆彐丶	順	順		
	項	항목 **항** 頁부 3	項	工丆彐丶	項	項		
	頌	칭송할 **송** 頁부 4	頌	公丆彐丶	頌	頌		
	領	거느릴 **령** 頁부 5	領	今丆彐丶	領	領		
	頗	자못 **파** 頁부 5	頗	皮丆彐丶	頗	頗		
	頭	머리 **두** 頁부 7	頭	豆丆彐丶	頭	頭		
	頻	자주 **빈** 頁부 7	頻	止少丆彐	頻	頻		
	顔	낯 **안** 頁부 9	顔	立彡丆彐	顔	顔		
	額	이마 **액** 頁부 9	額	宀口丆彐丶	額	額		

- 音盤(음반) : 레코드판.
- 韻致(운치) : 고아한 품위가 있는 것.
- 音響(음향) : 소리의 울림.
- 頃刻(경각) : 극히 짧은 시간.
- 頂上(정상) : 산꼭대기.
- 必須(필수) : 꼭 필요로 함.
- 順延(순연) : 순차로 연기함.
- 事項(사항) : 일의 조항.
- 頌祝(송축) : 경사를 기리고 축하함.
- 領土(영토) : 영유하고 있는 땅.
- 頗多(파다) : 아주 많음.
- 先頭(선두) : 첫머리.
- 頻發(빈발) : 일이 자주 생김.
- 顔色(안색) : 얼굴에 나타나는 기색.
- 金額(금액) : 돈의 액수.

題	제목 **제** 頁부 9	題	旦人丆耳、	題	題					**頁** 머리혈
類	무리 **류** 頁부 10	類	꽃犬丆耳、	類	類					
願	원할 **원** 頁부 10	願	즉人丆耳、	願	願					
顧	돌아볼 **고** 頁부 12	顧	亠눝丆耳、	顧	顧					
顯	나타날 **현** 頁부 14	現	旦絲丆耳、	現	現					
風	바람 **풍** 風부 0	風	几乁白厶	風	風					**風** 바람풍
飛	날 **비** 飛부 0	飛	飞1廴乁乀	飛	飛					**飛** 날 비
飜	번역할 **번** 飛부 12	飜	糸口飞乁	飜	飜					
食	밥 **식** 食부 0	食	今乚丶乀	食	食					**食** 밥 식
飢	주릴 **기** 食부 2	飢	今乚丶几	飢	飢					
飯	밥 **반** 食부 4	飯	今乚丶反乀	飯	飯					
飲	마실 **음** 食부 4	飲	今乚丶欠	飲	飲					
飾	꾸밀 **식** 食부 5	飾	今乚丶勹丨	飾	飾					
飽	배부를 **포** 食부 5	飽	今乚丶勹乞	飽	飽					
養	기를 **양** 食부 6	養	丷主今乚丶	養	養					

題目(제목): 겉장에 쓴 책의 이름.　　順風(순풍): 순하게 부는 바람.　　茶飯事(다반사): 예사로운 일.
類例(유례): 같거나 비슷한 예.　　飛躍(비약): 높이 뛰어 오름.　　飲酒(음주): 술을 마심.
所願(소원): 원함. 또는 그 원하는 바.　　飜覆(번복): 이리저리 뒤집어 고침.　　裝飾(장식): 치장하여 꾸밈.
顧客(고객): 단골 손님.　　食率(식솔): 집안에 딸린 식구.　　飽食(포식): 배부르게 먹음.
顯著(현저): 뚜렷이 드러나 분명함.　　飢餓(기아): 굶주림.　　養豚(양돈): 돼지를 먹여 기름.

食 밥 식	餓	주릴 **아** 食부 7	餓			餓	餓			
	餘	남을 **여** 食부 7	餘			餘	餘			
	館	집 **관** 食부 8	館			館	館			
首 머리 수	首	머리 **수** 首부 0	首			首	首			
香 향기 향	香	향기 **향** 香부 0	香			香	香			
馬 말 마	馬	말 **마** 馬부 0	馬			馬	馬			
	騎	말탈 **기** 馬부 8	騎			騎	騎			
	騷	떠들 **소** 馬부 10	騷			騷	騷			
	驅	몰 **구** 馬부 11	驅			驅	驅			
	驚	놀랄 **경** 馬부 13	驚			驚	驚			
	驛	역 **역** 馬부 13	驛			驛	驛			
	驗	시험할 **험** 馬부 13	驗			驗	驗			
骨 뼈 골	骨	뼈 **골** 骨부 0	骨			骨	骨			
	體	몸 **체** 骨부 13	體			體	體			
高 높을고	高	높을 **고** 高부 0	高			高	高			

餓死之境(아사지경) : 굶어서 죽게 된 지경.
餘生(여생) : 나머지의 목숨.
開館(개관) : 시설을 차려 놓고 처음 엶.
首肯(수긍) : 그러하다고 고개를 끄덕임.
香氣(향기) : 향냄새.

出馬(출마) : 선거 등에 입후보함.
騎手(기수) : 말을 타는 사람.
騷動(소동) : 여럿이 법석을 떪.
驅迫(구박) : 못 견디게 굶.
驚歎(경탄) : 몹시 감탄함.

驛舍(역사) : 역으로 쓰는 건물.
實驗(실험) : 실제로 시험함.
骨折(골절) : 뼈가 부러짐.
體格(체격) : 몸의 골격.
高明(고명) : 고상하고 현명함.

髮	터럭 **발** 髟부 5	髮				
鬪	싸움 **투** 鬥부 10	鬪				
鬼	귀신 **귀** 鬼부 0	鬼				
魂	넋 **혼** 鬼부 4	魂				
魚	고기 **어** 魚부 0	魚				
鮮	고울 **선** 魚부 6	鮮				
鳥	새 **조** 鳥부 0	鳥				
鳴	울 **명** 鳥부 3	鳴				
鳳	새 **봉** 鳥부 3	鳳				
雁	기러기 **안** 鳥부 4	雁				
鴻	기러기 **홍** 鳥부 6	鴻				
鷄	닭 **계** 鳥부 10	鷄				
鶴	학 **학** 鳥부 10	鶴				
鷗	갈매기 **구** 鳥부 11	鷗				
鹽	소금 **염** 鹵부 13	鹽				

髟
터럭발

鬥
싸움투

鬼
귀신귀

魚
물고기어

鳥
새　조

鹵
소금밭로

削髮(삭발): 머리털을 깎음.
鬪爭(투쟁): 싸워서 다툼.
鬼才(귀재): 세상에 드문 재능.
魂靈(혼령): 죽은 사람의 넋.
魚族(어족): 물고기의 종족.

新鮮(신선): 새롭고 깨끗함.
一石二鳥(일석이조): 일거양득.
悲鳴(비명): 갑자기 외마디 소리를 지름.
鳳凰(봉황): 상상의 상서로운 새.
雁行(안행, 안항): 남의 형제의 경칭.

鴻鵠(홍곡): 큰 기러기와 고니.
鬪鷄(투계): 싸움닭.
鶴首苦待(학수고대): 몹시 기다림.
白鷗(백구): 갈매기.
食鹽水(식염수): 식염을 탄 물.

鹿 사슴록	鹿	사슴 **록** 鹿부 0	鹿	亠兀比乚	鹿	鹿			
麗 고울려	麗	고울 **려** 鹿부 8	麗	丽丽它比	麗	麗			
麥 보리맥	麥	보리 **맥** 麥부 0	麥	灭人久	麥	麥			
麻 삼마	麻	삼 **마** 麻부 0	麻	亣亣八八	麻	麻			
黃 누를황	黃	누를 **황** 黃부 0	黃	亞亞芇八	黃	黃			
黑 검을흑	黑	검을 **흑** 黑부 0	黑	黑丨灬	黑	黑			
默 잠잠할묵	默	잠잠할 **묵** 黑부 4	默	黑大丶	默	默			
點 점점	點	점 **점** 黑부 5	點	黑占	點	點			
黨 무리당	黨	무리 **당** 黑부 8	黨	业昌黑	黨	黨			
鼓 북고	鼓	북 **고** 鼓부 0	鼓	吉豆攴	鼓	鼓			
鼻 코비	鼻	코 **비** 鼻부 0	鼻	自田廾	鼻	鼻			
齊 가지런할제	齊	가지런할 **제** 齊부 0	齊	亦卬	齊	齊			
齒 이치	齒	이 **치** 齒부 0	齒	止从凵	齒	齒			
龍 용룡	龍	용 **룡** 龍부 0	龍	立月乚	龍	龍			
龜 거북귀	龜	거북 **귀** 터질 **균** 龜부 0	龜	𠂆乚黽	龜	龜			

鹿角(녹각) : 사슴의 뿔.

華麗(화려) : 빛나고 아름다움.

原麥(원맥) : 밀가루의 원료로 하는 밀.

麻衣(마의) : 삼베로 지은 옷.

黃昏(황혼) : 해가 지고 어둑어둑할 때.

黑心(흑심) : 음흉하고 욕심 많은 마음.

沈默(침묵) : 말없이 잠잠히 있음.

點檢(점검) : 낱낱이 검사함.

新黨(신당) : 새로 조직한 당.

鼓舞(고무) : 격려하여 기세를 북돋움.

耳目口鼻(이목구비) : 귀, 눈, 입, 코. 인물.

齊唱(제창) : 다같이 소리를 질러 부름.

蟲齒(충치) : 벌레 먹은 이.

龍顔(용안) : 임금의 얼굴.

龜船(귀선) : 거북선.

可矜	가긍(가금)	茶菓	다과(차과)	譬喩	비유(벽유)	派遣	파견(파유)
苛斂	가렴(가검)	曇天	담천(운천)	頻數	빈삭(빈수)	跛立	피립(파립)
恪別	각별(격별)	遝至	답지(환지)	憑藉	빙자(방적)	破綻	파탄(파정)
看做	간주(간고)	撞着	당착(동착)	使嗾	사주(사족)	稗官	패관(비관)
姦慝	간특(간약)	對峙	대치(대시)	奢侈	사치(사다)	覇權	패권(파권)
間歇	간헐(간흘)	陶冶	도야(도치)	索莫	삭막(색막)	敗北	패배(패북)
減殺	감쇄(감살)	瀆職	독직(속직)	撒布	살포(산포)	膨脹	팽창(팽장)
概括	개괄(개활)	冬眠	동면(동민)	三昧	삼매(삼미)	平坦	평탄(평단)
改悛	개전(개준)	滿腔	만강(만공)	相殺	상쇄(상살)	閉塞	폐색(패새)
坑道	갱도(항도)	罵倒	매도(마도)	上梓	상재(상자)	褒賞	포상(보상)
釀出	갹출(거출)	邁進	매진(마진)	省略	생략(성략)	布施	보시(포시)
車馬	거마(차마)	萌芽	맹아(명아)	逝去	서거(절거)	捕捉	포착(포촉)
更迭	경질(갱질)	明澄	명징(명증)	棲息	서식(처식)	標識	표지(표식)
驚蟄	경칩(경첩)	木瓜	모과(목과)	先塋	선영(선형)	風靡	풍미(풍비)
汨沒	골몰(일몰)	木鐸	목탁(목택)	閃光	섬광(염광)	割引	할인(활인)
刮目	괄목(활목)	蒙昧	몽매(몽미)	星宿	성수(성숙)	陜川	합천(협천)
乖離	괴리(승리)	杳然	묘연(모연)	洗滌	세척(세조)	肛門	항문(홍문)
攪亂	교란(각란)	毋論	무론(모론)	遡及	소급(삭급)	降將	항장(강장)
敎唆	교사(교준)	拇印	무인(모인)	甦生	소생(갱생)	偕老	해로(개로)
句讀	구두(구독)	未洽	미흡(미합)	騷擾	소요(소우)	解弛	해이(해야)
拘礙	구애(구득)	撲滅	박멸(복멸)	贖罪	속죄(독죄)	享樂	향락(형락)
救恤	구휼(구혈)	剝奪	박탈(약탈)	殺到	쇄도(살도)	絢爛	현란(순란)
詭辯	궤변(위변)	反畓	번답(반답)	睡眠	수면(수민)	嫌惡	혐오(겸악)
龜鑑	귀감(구감)	反駁	반박(반효)	數爻	수효(수차)	荊棘	형극(형자)
龜裂	균열(귀열)	頒布	반포(분포)	猜忌	시기(청기)	忽然	홀연(총연)
喫煙	끽연(긱연)	潑剌	발랄(발자)	示唆	시사(시준)	畫數	획수(화수)
拏捕	나포(합포)	拔萃	발췌(발취)	諡號	시호(익호)	廓然	확연(곽연)
烙印	낙인(각인)	拔擢	발탁(발요)	辛辣	신랄(신극)	恍惚	황홀(광홀)
捺印	날인(나인)	幫助	방조(봉조)	迅速	신속(빈속)	賄賂	회뢰(유락)
狼藉	낭사(낭석)	拜謁	배알(배갈)	齷齪	악착(악족)	嚆矢	효시(고시)
內人	나인(내인)	兵站	병참(병첨)	軋轢	알력(알륵)	嗅覺	후각(취각)
鹿茸	녹용(녹이)	報酬	보수(보주)	斡旋	알선(간선)	麾下	휘하(마하)
鹿皮	녹비(녹피)	否塞	비색(부색)	謁見	알현(알견)	恤兵	휼병(혈병)
賂物	뇌물(각물)	分泌	분비(분필)	隘路	애로(익로)	欣快	흔쾌(근쾌)
漏泄	누설(누세)	分錢	푼전(분전)	冶金	야금(치금)	恰似	흡사(합사)
訥辯	눌변(납변)	沸騰	비등(불등)	懦弱	나약(난약)	詰難	힐난(길난)
		不朽	불후(불휴)	正鵠	정곡(정혹)		

2. 잘못 쓰기 쉬운 한자

干(간):干涉(간섭)
于(우):于先(우선)

間(간):間食(간식)
問(문):問題(문제)

甲(갑):甲富(갑부)
申(신):申請(신청)

巨(거):巨物(거물)
臣(신):臣下(신하)

遣(견):派遣(파견)
遺(유):遺産(유산)

犬(견):猛犬(맹견)
太(태):太古(태고)

決(결):決心(결심)
快(쾌):快活(쾌활)

考(고):考案(고안)
老(로):元老(원로)

苦(고):苦役(고역)
若(약):若干(약간)

困(곤):困境(곤경)
因(인):原因(원인)

官(관):官吏(관리)
宮(궁):宮殿(궁전)

橋(교):橋脚(교각)
矯(교):矯正(교정)

壞(괴):破壞(파괴)
壤(양):土壤(토양)

具(구):具備(구비)
貝(패):貝類(패류)

券(권):旅券(여권)
卷(권):壓卷(압권)

斤(근):斤量(근량)
斥(척):排斥(배척)

今(금):今日(금일)
令(령):命令(명령)

己(기):自己(자기)
巳(사):巳年(사년)
已(이):已往(이왕)

旦(단):元旦(원단)
且(차):苟且(구차)

代(대):代表(대표)
伐(벌):征伐(정벌)

挑(도):挑發(도발)
桃(도):桃源(도원)

徒(도):學徒(학도)
徙(사):移徙(이사)

綠(록):綠陰(녹음)
緣(연):緣故(연고)

栗(률):生栗(생률)
粟(속):粟米(속미)

憐(련):可憐(가련)
隣(린):近隣(근린)

陸(륙):大陸(대륙)
睦(목):親睦(친목)

末(말):末年(말년)
未(미):未開(미개)

明(명):明示(명시)
朋(붕):朋友(붕우)

摸(모):摸索(모색)
模(모):模範(모범)

母(모):父母(부모)
毋(무):毋論(무론)

微(미):微力(미력)
徵(징):徵表(징표)

密(밀):密談(밀담)
蜜(밀):蜜語(밀어)

薄(박):薄命(박명)
簿(부):帳簿(장부)

復(복):復舊(복구)
複(복):複雜(복잡)

婢(비):奴婢(노비)
碑(비):碑石(비석)

貧(빈):貧困(빈곤)
貪(탐):貪慾(탐욕)

氷(빙):氷河(빙하)
永(영):永眠(영면)

思(사):思想(사상)
恩(은):恩人(은인)

師(사):師恩(사은)
帥(수):元帥(원수)

捨(사):喜捨(희사) 拾(습):拾得(습득)	哀(애):悲哀(비애) 衷(충):衷心(충심)	促(촉):督促(독촉) 捉(착):捕捉(포착)
士(사):士兵(사병) 土(토):出土(출토)	與(여):與否(여부) 興(흥):興亡(흥망)	悤(총):悤悤(총총) 忽(홀):忽然(홀연)
斯(사):斯界(사계) 欺(기):欺瞞(기만)	嗚(오):嗚咽(오열) 鳴(명):悲鳴(비명)	衝(충):衝突(충돌) 衡(형):均衡(균형)
四(사):四海(사해) 匹(필):匹夫(필부)	曰(왈):曰字(왈자) 日(일):日記(일기)	治(치):政治(정치) 冶(야):陶冶(도야)
析(석):分析(분석) 折(절):曲折(곡절)	往(왕):往來(왕래) 住(주):住居(주거)	歎(탄):歎願(탄원) 歡(환):歡心(환심)
宣(선):宣布(선포) 宜(의):便宜(편의)	子(자):子孫(자손) 孑(혈):孑孑(혈혈)	恨(한):恨歎(한탄) 限(한):制限(제한)
設(설):設立(설립) 說(설):說明(설명)	栽(재):栽培(재배) 裁(재):裁量(재량)	抗(항):抗爭(항쟁) 坑(갱):坑木(갱목)
贖(속):贖罪(속죄) 讀(독):讀書(독서)	摘(적):摘發(적발) 適(적):適法(적법)	享(향):享有(향유) 亨(형):亨通(형통)
手(수):手段(수단) 毛(모):毛布(모포)	漸(점):漸次(점차) 慚(참):慚悔(참회)	險(험):保險(보험) 檢(검):檢查(검사)
遂(수):完遂(완수) 逐(축):角逐(각축)	燥(조):乾燥(건조) 操(조):操作(조작)	血(혈):血盟(혈맹) 皿(명):器皿(기명)
戌(술):戌時(술시) 戍(수):衛戍(위수)	早(조):早退(조퇴) 旱(한):旱害(한해)	刑(형):刑罰(형벌) 形(형):形式(형식)
辛(신):辛勝(신승) 幸(행):幸福(행복)	晝(주):晝夜(주야) 畫(화):畫風(화풍)	毫(호):揮毫(휘호) 豪(호):豪快(호쾌)
失(실):失敗(실패) 矢(시):嚆矢(효시)	陣(진):退陣(퇴진) 陳(진):陳列(진열)	浩(호):浩氣(호기) 活(활):活動(활동)
深(심):深醉(심취) 探(탐):探查(탐사)	撤(철):撤去(철거) 撒(살):撒布(살포)	侯(후):侯爵(후작) 候(후):徵候(징후)

3. 두 가지 이상의 음을 가진 한자

降	내릴·········강 항복할·······항	降等(강등) 降伏(항복)	塞	변방·········새 막힐·········색	要塞(요새) 塞源(색원)
更	다시·········갱 고칠·········경	更新(갱신) 更迭(경질)	宿	잘···········숙 별자리·······수	宿泊(숙박) 星宿(성수)
車	수레·········거 수레·········차	車馬(거마) 車輛(차량)	拾	주울·········습 열···········십	拾得(습득) 參拾(삼십)
見	볼···········견 뵈올·········현	見聞(견문) 謁見(알현)	食	밥···········식 먹일·········사	飮食(음식) 疎食(소사)
契	맺을·········계 애쓸·········결 나라이름····글	契約(계약) 契闊(결활) 契丹(글단)	識	알···········식 기록할·······지	知識(지식) 標識(표지)
龜	거북·········귀 땅이름·······구 터질·········균	龜鑑(귀감) 龜浦(구포) 龜裂(균열)	惡	악할·········악 미워할·······오	善惡(선악) 憎惡(증오)
金	쇠···········금 성···········김	金屬(금속) 金氏(김씨)	易	바꿀·········역 쉬울·········이	交易(교역) 容易(용이)
奈	어찌·········내 나락·········나	奈何(내하) 奈落(나락)	刺	찌를·········자 찌를·········척	刺客(자객) 刺殺(척살)
茶	차···········다 차···········차	茶菓(다과) 茶禮(차례)	切	끊을·········절 온통·········체	切斷(절단) 一切(일체)
洞	골···········동 동할·········통	洞里(동리) 洞察(통찰)	參	참여할·······참 석···········삼	參席(참석) 參萬(삼만)
樂	즐길·········락 노래·········악 좋아할·······요	苦樂(고락) 音樂(음악) 樂山(요산)	拓	넓힐·········척 밀칠·········탁	開拓(개척) 拓本(탁본)
率	비율·········률 거느릴·······솔	能率(능률) 統率(통솔)	推	밀···········추 밀···········퇴	推進(추진) 推敲(퇴고)
莫	없을·········막 저물·········모	莫論(막론) 莫春(모춘)	則	법칙·········칙 곧···········즉	規則(규칙) 然則(연즉)
復	회복할·······복 다시·········부	回復(회복) 復活(부활)	沈	잠길·········침 성···········심	沈沒(침몰) 沈氏(심씨)
北	북녘·········북 달아날·······배	南北(남북) 敗北(패배)	暴	사나울·······폭 모질·········포	暴徒(폭도) 暴惡(포악)
狀	형상·········상 문서·········장	狀態(상태) 賞狀(상장)	便	편할·········편 똥오줌·······변	便利(편리) 便所(변소)
說	말씀·········설 달랠·········세	說敎(설교) 遊說(유세)	行	다닐·········행 항렬·········항	行路(행로) 行列(항렬)
			畫	그림·········화 그을·········획	畫家(화가) 畫順(획순)

4. 편지봉투의 이름 아래 붙이는 호칭

칭 호	내 용 설 명
氏(씨)	나이나 지위가 비슷한 사람에게 존대의 뜻으로 쓸 때.
君(군)	친구나 손아랫 사람에게 쓸 때.
兄(형)	친구에게 높여 쓸 때.
大兄(대형) 仁兄(인형) 雅兄(아형)	남자 친구간에 빗을 높여 쓸 때.
貴下(귀하)	상대방을 높여 쓸 때.
貴中(귀중)	단체에 쓸 때.
孃(양)	처녀로서 동년배(同年輩)나 손아래 사람에게 쓸 때.
女史(여사)	여자로서 사회적 지위나 명성(名聲)이 있는 사람을 높여 이르는 말로, 일반 부인에게 쓸 때.
先生(선생)	은사(恩師)나 남을 경대하여 쓸 때.
畵伯(화백)	화가를 높여 쓸 때.
親展(친전)	수신인(受信人)이 직접 펴보아 주기 바란다는 뜻으로 쓸 때.
座下(좌하)	공경해야 할 어른에게 공대하여 쓸 때.
님께	존경의 뜻을 나타내는 말로, 순 한글식으로 쓸 때.

5. 결혼 기념일을 나타내는 한자어

기념 주년	한 자 어	기 념 행 사 내 용
1주년	紙婚式 (지혼식)	결혼 1주년을 축하하여 부부가 서로 그림·책 등 종이로 된 선물을 주고받아 기념함.
5주년	木婚式 (목혼식)	결혼 5주년을 축하하여 부부가 나무로 된 선물을 주고 받아 기념함.
10주년	錫婚式 (석혼식)	결혼 10주년을 축하하여 부부가 주석제품을 선물로 주고 받아 기념함.
15주년	銅婚式 (동혼식)	결혼 15주년을 축하하여 부부가 구리제품을 선물로 주고 받아 기념함.
25주년	銀婚式 (은혼식)	『Silver Wedding』. 부부가 결혼한 후 25주년을 기념하여 행하는 시 또는 잔치.
30주년	眞珠婚式 (진주혼식)	부부가 결혼 30주년을 축하하여 진주 제품을 주고 받아 기념함.
50주년	金婚式 (금혼식)	『Golden Wedding』. 부부가 결혼한 후 50주년을 기념하여 행하는 식 또는 잔치.
60주년	回婚禮 (회혼례)	회혼(回婚)을 축하하는 잔치.
75주년	다이아몬드혼식 (金剛石婚式)	『Diamond Wedding』. 부부가 결혼한 후 75주년 되는 해에 행하는 축하식.

6. 연령을 나타내는 한자어

연 령	한 자 어	유 래 설 명
15세	志學(지학)	공자가 논어에서 15세에 학문(學問)에 뜻을 두었다는 데서 나온 말.
20세	弱冠(약관)	남자 나이 20세를 일컬음. 약(弱)은 부드럽다는 뜻인데 기골이 성숙하지는 않았지만 사람구실을 할 수 있게 되었다는 의미이며, 관(冠)은 성년이 되면서 쓰는 갓을 말함.
30세	而立(이립)	공자가 30세에 뜻이 확고하게 섰다고 말한 데서 나온 말.
40세	不惑(불혹)	공자가 40세에 이르러 세상일에 미혹(迷惑)되지 아니 하게 되었다는 데서 나온 말.
50세	知命(지명)	공자가 50세가 되어 천명(天命)을 알았다는 데서 나온 말.
60세	耳順(이순)	공자가 논어에서 60세가 되면 생각하는 것이 원만하여 어떤 일에 대하여 들으면 곧 이해가 된다는 데서 나온 말.
61세	華甲(화갑)	화(華)자를 분해하면 '십(十)'자 여섯과 '일(一)'이 되는 데서 61을 나타내며, 회갑(回甲) 또는 환갑(還甲)이라고도 함.
62세	進甲(진갑)	환갑의 다음해 생일을 말함.
70세	古稀(고희)	두보(杜甫)가 지은 곡강시(曲江詩)의 '인생 칠십 고래희(人生七十古來稀)'에서 나온 말.
70세	從心(종심)	70세의 별칭(別稱). 공자가 논어에서 70세가 되면 뜻대로 행하여도 도(道)를 넘지 않는다는 데서 나온 말. 칠십이 종심소욕, 불유구(七十而從心所欲, 不踰矩)
77세	喜壽(희수)	'喜'자는 속자로 喸로도 표기되었기 때문에 희수(喜壽)는 '七+七' 즉 77세를 나타냄.
80세	傘壽(산수)	'傘'자는 속자로 仐로도 표기되었기 때문에 산수(傘壽)는 '八+十' 즉 80세를 나타냄.
88세	米壽(미수)	'米'자를 파자(破字)하면 '八+八'이 되는데서 88세를 나타냄.
90세	卒壽(졸수)	'卒'자를 속자로 卆로도 표기되었기 때문에 졸수(卒壽)는 '九+十' 즉 90세를 나타냄.
99세	白壽(백수)	'百'에서 '一'을 빼면 99가 되고 '白'자가 되는데서 99세를 나타냄.

7. 약자(略字) · 속자(俗字)

ㄱ

假 = 仮(거짓　　　　가)
價 = 価(값　　　　　가)
覺 = 覚(깨달을　　　각)
擧 = 挙(들　　　　　거)
據 = 拠(근거　　　　거)
輕 = 軽(가벼울　　　경)
經 = 経(지날　　　　경)
徑 = 径(길　　　　　경)
鷄 = 鶏(닭　　　　　계)
繼 = 継(이을　　　　계)
館 = 舘(집　　　　　관)
關 = 関(관계할　　　관)
廣 = 広(넓을　　　　광)
敎 = 教(가르칠　　　교)
區 = 区(구분할　　　구)
舊 = 旧(예　　　　　구)
驅 = 駆(몰　　　　　구)
國 = 国(나라　　　　국)
權 = 权(권세　　　　권)
勸 = 勧(권할　　　　권)
龜 = 亀(거북　　　　귀)
氣 = 気(기운　　　　기)
旣 = 既(이미　　　　기)

ㄴ

內 = 内(안　　　　　내)

ㄷ

單 = 単(홑　　　　　단)
團 = 団(둥글　　　　단)
斷 = 断(끊을　　　　단)
擔 = 担(멜　　　　　담)

當 = 当(마땅　　　　당)
黨 = 党(무리　　　　당)
對 = 対(대할　　　　대)
德 = 徳(큰　　　　　덕)
圖 = 図(그림　　　　도)
讀 = 読(읽을　　　　독)
獨 = 独(홀로　　　　독)

ㄹ

樂 = 楽(즐길　　락,노래　악)
亂 = 乱(어지러울　　란)
覽 = 覧(볼　　　　　람)
來 = 来(올　　　　　래)
兩 = 両(두　　　　　량)
勵 = 励(힘쓸　　　　려)
歷 = 歴(지날　　　　력)
練 = 練(익힐　　　　련)
戀 = 恋(사모할　련,그릴　련)
靈 = 灵(신령　　　　령)
禮 = 礼(예도　　　　례)
勞 = 労(일할　　　　로)
爐 = 炉(화로　　　　로)
綠 = 緑(푸를　　　　록)
賴 = 頼(의뢰할　　　뢰)
龍 = 竜(용　　　　　룡)
樓 = 楼(다락　　　　루)

ㅁ

萬 = 万(일만　　　　만)
滿 = 満(찰　　　　　만)
蠻 = 蛮(오랑캐　　　만)
賣 = 売(팔　　　　　매)
麥 = 麦(보리　　　　맥)

ㅂ

半 = 半(반　　　　　반)
發 = 発(필　　　　　발)
拜 = 拝(절　　　　　배)
變 = 変(변할　　　　변)
辯 = 弁(말씀　　　　변)
邊 = 辺(가　　　　　변)
竝 = 並(나란히　　　병)
寶 = 宝(보배　　　　보)
拂 = 払(떨칠　　　　불)
佛 = 仏(부처　　　　불)
冰 = 氷(얼음　　　　빙)

ㅅ

絲 = 糸(실　　　　　사)
寫 = 写(베낄　　　　사)
辭 = 辞(말씀　　　　사)
産 = 産(낳을　　　　산)
雙 = 双(둘　　　　　쌍)
敍 = 叙(펼　　　　　서)
釋 = 釈(풀　　　　　석)
聲 = 声(소리　　　　성)
續 = 続(이을　　　　속)
屬 = 属(붙일　　　　속)
收 = 収(거둘　　　　수)
數 = 数(셈　　　　　수)
輸 = 輸(보낼　　　　수)
壽 = 寿(목숨　　　　수)
肅 = 粛(엄숙할　　　숙)
濕 = 湿(젖을　　　　습)
乘 = 乗(탈　　　　　승)
實 = 実(열매　　　　실)

ㅇ

兒 = 児 (아이　아)
亞 = 亜 (버금　아)
惡 = 悪 (악할　악, 미워할　오)
鴈 = 雁 (기러기　안)
巖 = 岩 (바위　암)
壓 = 圧 (누를　압)
藥 = 薬 (약　약)
嚴 = 厳 (엄할　엄)
餘 = 余 (남을　여)
與 = 与 (더불　여, 줄　여)
驛 = 駅 (역　역)
譯 = 訳 (번역할　역)
鹽 = 塩 (소금　염)
榮 = 栄 (영화　영)
豫 = 予 (미리　예)
藝 = 芸 (재주　예)
溫 = 温 (따뜻할　온)
臥 = 卧 (누울　와)
圓 = 円 (둥글　원)
圍 = 囲 (에워쌀　위)
爲 = 為 (하　위)
應 = 応 (응할　응)
醫 = 医 (의원　의)
貳 = 弐 (두　이)
壹 = 壱 (한　일)

ㅈ

姉 = 姉 (손위누이　자)
殘 = 残 (남을　잔)
蠶 = 蚕 (누에　잠)
雜 = 雑 (섞일　잡)
壯 = 壮 (장할　장)
莊 = 庄 (씩씩할　장)
將 = 将 (장수　장)

獎 = 奨 (권할　장)
爭 = 争 (다툴　쟁)
戰 = 戦 (싸울　전)
錢 = 銭 (돈　전)
傳 = 伝 (전할　전)
轉 = 転 (구를　전)
點 = 点 (점　점)
淨 = 浄 (깨끗할　정)
濟 = 済 (건널　제)
齊 = 斉 (가지런할　제)
條 = 条 (가지　조)
弔 = 吊 (조상할　조)
從 = 従 (좇을　종)
晝 = 昼 (낮　주)
廚 = 厨 (부엌　주)
卽 = 即 (곧　즉)
增 = 増 (더할　증)
證 = 証 (증거　증)
眞 = 真 (참　진)
盡 = 尽 (다할　진)

ㅊ

贊 = 賛 (도울　찬)
參 = 参 (참여할　참, 석　삼)
冊 = 冊 (책　책)
處 = 処 (곳　처)
淺 = 浅 (얕을　천)
鐵 = 鉄 (쇠　철)
廳 = 庁 (관청　청)
體 = 体 (몸　체)
觸 = 触 (닿을　촉)
總 = 総 (다　총)
蟲 = 虫 (벌레　충)
醉 = 酔 (술취할　취)
齒 = 歯 (이　치)

恥 = 恥 (부끄러울　치)
寢 = 寝 (잠잘　침)
稱 = 称 (일컬을　칭)

ㅌ

彈 = 弾 (탄알　탄)
澤 = 沢 (못　택)

ㅍ

廢 = 廃 (폐할　폐, 버릴　폐)
豐 = 豊 (풍년　풍)

ㅎ

學 = 学 (배울　학)
陷 = 陥 (빠질　함)
解 = 解 (풀　해)
鄕 = 郷 (시골　향)
虛 = 虚 (빌　허)
獻 = 献 (드릴　헌)
驗 = 験 (시험할　험)
顯 = 顕 (나타날　현)
螢 = 蛍 (반딧불　형)
號 = 号 (이름　호)
畵 = 画 (그림　화, 그을　획)
擴 = 拡 (넓힐　확)
歡 = 歓 (기쁠　환)
會 = 会 (모일　회)
回 = 囬 (돌아올　회)
效 = 効 (본받을　효)
黑 = 黒 (검을　흑)

저자 **이 상 춘**

경북 남해 출생
보통 고시 합격
서울장신대학교 졸업
한자 강의 20년
한자능력검정자격(1, 2, 3급)취득
의정부, 성동, 영등포교도소 교무과장
〈방송 따라 五千字 ①, ②, ③권〉 편저
〈알기 쉬운 千八百字〉 편저

펜글씨 **성 교 진**

전남 구례 출생
전남대 철학과 졸업
성균관대 대학원 철학과
건국대 대학원 철학과(철학박사)
전남도미전 서예부 입선(한자)
대구 효성카톨릭대학교 철학과 교수

千八百字 따라쓰기

2011년 1월 10일 중판 1쇄 발행

저자 이상춘 **펜글씨** 성교진

펴낸이 김경희
펴낸곳 ㈜도서출판 아테나
주소 서울시 마포구 서교동 395-166 서교빌딩 601호
편집 (02)2268-6042 | Fax (02)2268-9422
홈 페이지 http://www.athenapub.co.kr
E-mail bookjjang@hanmail.net
등록 1991년 2월 22일 제 2-1134호

ⓒ 아테나 2010
ISBN 978-89-91494-76-3 02710